Das Buch

Bernd Ulrichs Buch »Sagt uns die Wahrheit« beinhaltet nicht weniger als eine grundlegende Kritik an der politischen Klasse der Bundesrepublik, der der Autor eine gefährliche Verdrängung der politischen Wirklichkeit vorwirft. Seine These: »Nie haben sich deutsche Politiker so sehr vor der Wahrheit gedrückt.« Die Wahrheit – das sind die ungelösten Großkrisen unserer Gegenwart, die Ängste erzeugen, nicht nur in der Bevölkerung, sondern auch bei den Politikern selbst: die Flüchtlingsströme, die Griechenlandkrise, die ungewisse Zukunft des Euro, der Krieg in der Ukraine …
Bernd Ulrich formuliert angesichts dieses Bedrohungsszenarios nachdrücklich die Forderung nach Offenheit und Ehrlichkeit und kritisiert die herrschende Beschwichtigungspolitik, die die Aussicht auf neue Lösungen nicht verbessert, sondern zerstört. Sein selbstkritischer Blick zielt dabei auch auf die Rolle der Medien. Seine Streitschrift fragt nach den Ursachen dieser öffentlichen Verdrängungen und Verharmlosungen und ist zugleich ein Plädoyer für eine neue politische Kultur der Offenheit und eines furchtlosen Dialogs zwischen Politik und Bevölkerung auf Augenhöhe.

Der Autor

Bernd Ulrich, geboren 1960 in Essen, hat drei Kinder, er ist seit zwölf Jahren stellvertretender Chefredakteur und seit acht Jahren Leiter des Politikressorts der *ZEIT*. Für seine journalistischen Arbeiten erhielt er den Henri-Nannen-Preis 2013 und den Theodor-Wolff-Preis 2015. Buchveröffentlichungen sind u. a.: »Deutsch, aber glücklich«, 1997, »Wofür Deutschland Krieg führen darf. Und muss.«, 2011.

KiWi

1467

BERND ULRICH

SAGT UNS DIE WAHRHEIT!

WAS DIE POLITIKER VERSCHWEIGEN UND WARUM

KIEPENHEUER & WITSCH

MIX
Papier aus verantwortungsvollen Quellen
FSC® C083411

Verlag Kiepenheuer & Witsch, FSC®-N001512

1. Auflage 2015

Umschlaggestaltung: Rudolf Linn, Köln
Gesetzt aus der Stempel Garamond
Satz: abavo GmbH, Buchloe
Druck und Bindung: CPI books GmbH, Leck
ISBN 978-3-462-04857-5

Politik beginnt mit der Betrachtung der Wirklichkeit, so lautet eine oft zitierte politische Weisheit. Schön wär's, kann man da nur sagen. Seit einiger Zeit besteht die Politik in Deutschland und in Europa vor allem darin, die Wirklichkeit zu verdrängen, zu beschönigen und nicht zu sagen, was man denkt.

Fast so, wie ressentimentgeladene Populisten sich »die da oben« immer vorstellen und heimlich wünschen. Doch, um hier gleich einem grassierenden Vorurteil entgegenzutreten, auch einer möglicherweise falschen Erwartung an dieses Buch: Es kommt natürlich auch in einem vergleichsweise »sauberen« Land wie diesem vor, dass Politiker Dinge bewusst verheimlichen, weil sie kriminell sind, dass sie sich bestechen oder erpressen lassen, das alles gibt es leider auch. Allerdings macht diese dunkle Seite der Politik hierzulande nur selten das Wesen des Regierens aus. Das Schweigen, von dem hier die Rede sein soll, verhüllt keine Machenschaften, sondern Ratlosigkeit und Verunsicherung, es enthält der Öffentlichkeit manchmal vielleicht unfertige, aber interessante und wichtige Gedanken vor. Die Politik im Deutschland des Jahres 2015 zieht nicht verborgen vor dem Volk und der Öffentlichkeit die Fäden, vielmehr ist sie dabei, die Fäden aus den Händen zu verlieren. Versteckt wird weniger die wahre Macht als echte Ohnmacht. Die markantesten politischen Ereignisse dieses Jahres erweisen sich bei genauerem Hinsehen hierfür als Beleg.

Ein besonders dramatisches, auch schmerzliches Beispiel für verdrängte Nöte und Gefahren ist die Flüchtlingspolitik. Sie erlebte in diesem Frühjahr nach dem Tod von 800 Menschen, die allein am 7. Mai im Mittelmeer ertranken, ihren Fukushima-Moment: völlige Richtungsumkehr binnen weniger Tage. Was eben noch dazu dienen sollte, die Grenzen der EU zu verteidigen, auch wenn es viele Flüchtlinge das Leben kostete, soll nun im Handumdrehen genau den gegenteiligen Zweck erfüllen: die Rettung von möglichst vielen Flüchtlingen, auch wenn die Grenzen damit durchlässig werden.

Im Unterschied zu Fukushima war es diesmal allerdings keine unvorhersehbare Naturkatastrophe, die den Wandel einleitete, sondern eine leicht prognostizierbare Tatsache: Wenn immer mehr Menschen aus den destabilisierten Nachbarschaften der EU nach Europa kommen und immer weniger Schiffe bereitgestellt werden, um sie zu retten, werden immer mehr Flüchtlinge sterben. Die Politiker wussten das, haben es sogar selbst herbeigeführt, nur laut gesagt haben sie es nicht.

Stattdessen erfahren wir bei dem Thema eine misstrauisch stimmende Sprachverwirrung. Ausgerechnet der als besonnen geltende deutsche Außenminister glaubte nach dem Schiffsunglück anlässlich eines Flüchtlingsgipfels der EU sagen zu müssen: »Wir können mit dem Flüchtlingsproblem nicht militärisch fertigwerden.« Tatsächlich? Das ist eine Formel, die Frank-Walter Steinmeier bis dahin nur für den Ukraine-Konflikt und die arabischen Bürgerkriege verwendet hatte. Und jetzt wird das Militärische aufgerufen im Angesicht von hilflosen, unbewaffneten, auf rostigen Booten zusammengepferchten Menschen. Da fragt man sich: Warum musste das überhaupt gesagt werden? Auf wen antwortet er hier? Wer in aller Welt hat denn möglicherweise die Idee aufgebracht, mit Kriegsschiffen gegen Flüchtlingsboote vorzugehen? So ist es immer öfter in letzter Zeit: Hinter dem Gesagten öffnet sich, wenn man genau hinhört, ein Abgrund von Ungesagtem.

Zweites Beispiel: Geheimdienste. Seit Längerem schon jagt eine Affäre die andere, verunsichert viele Menschen und schafft Misstrauen zwischen denen, die regieren, und denen, die sich regieren lassen müssen. Was offenbar in zunehmendem Maße auch heißt: abgehört und durchleuchtet zu werden. Warum ist das so und warum gelingt es der Politik nicht, damit vernünftig umzugehen?

Etwas davon liegt in der Natur der Sache, genauer: im Grundwiderspruch zwischen der notwendigerweise geheimen Arbeitsweise der Dienste auf der einen und dem Kontrollanspruch eines demokratischen Rechtsstaats auf der anderen Seite. Transparenz und Effizienz stehen in einem kaum zu überwindenden Zielkonflikt. Darum wird es mit absoluter Sicherheit immer wieder Geheimdienstaffären geben und sie müssen immer wieder enttarnt und aufgeklärt werden. So weit, so schlimm, so normal.

Zweierlei ist jedoch hinzugekommen, was die Sache mit den Geheimdiensten für die deutsche Politik mehr und mehr zu einem Albtraum werden lässt. Zum einen ermöglichen das Internet, die immer ausgefeilteren Algorithmen und die schier grenzenlosen Speicherkapazitäten mittlerweile Überwachung in einem Ausmaß, von dem selbst totalitäre Regime nicht zu träumen wagten. Immer mehr Menschen können bei immer mehr Lebensäußerungen immer effizienter überwacht werden. Zum anderen, und da wird es dann richtig heikel: Deutschland produziert weit weniger nachrichtendienstliche Informationen, als es (ver)braucht. Ohne die Informationen der NSA wäre der BND niemals in der Lage, Deutschland vor terroristischen Gefahren zu schützen. In den meisten Bereichen mögen die Deutschen Exportweltmeister sein, hier sind sie eher Importweltmeister, böser gesagt: Die Bundesrepublik ist ein informationeller Schuldenstaat. Auf dem Feld der geheimen Dienste verhält sich Deutschland zu den USA wie beim Geld Griechenland zu Deutschland, mit dem selben Effekt: eingeschränkte Souveränität.

Deutsche Regierungen wissen oft nicht, was ihre eigenen Geheimdienste tun, noch weniger allerdings wissen sie, was die amerikanischen anstellen. Ob sie sich, nur so als Beispiel, an die deutschen Gesetze halten. Und ob sie Bürger, Kanzler und Unternehmen hierzulande nur zu dem Zweck ausspähen, Terrorgefahr abzuwehren, oder etwa auch, um sich sonstige Vorteile zu verschaffen, politische oder wirtschaftliche. Wenn man Politiker vertraulich danach fragt, sagen sie: Natürlich werden wir alle abgehört! Selbstverständlich geht es den Amerikanern nicht nur um unsere Sicherheit, sondern auch um ihren Vorteil! Aber was sollen wir denn machen? Ohne deren Hilfe steigt die Terrorgefahr bei uns, wer könnte das verantworten? Und sollen wir den Bürgern etwa sagen, dass Deutschland hier nur eingeschränkt souverän ist? Auf den Einwand, dass der BND dann eben gestärkt werden müsse, lachen die zuständigen Politiker nur: Wie um Himmels willen soll man das denn durchsetzen?!

Statt aber offen über diese Dinge zu reden, wird geeiert und gemogelt, die Regierung macht sich verdächtig. Und selbst die Opposition lässt Vorsicht walten bei ihrer Kritik, denn alle wissen ja: Jeder, der irgendwann mal regiert, steckt in demselben Dilemma, bis zum Hals.

It's history, stupid!

Vorgänge und Zustände dieser Art nähren einen Verdacht, den viele schon lange hegen: Sagen die Regierenden in Berlin und Brüssel auch bei anderen wesentlichen Fragen nicht alles, was sie wissen und denken, was sie bewegt und verunsichert? Die Antwort lautet nach zahlreichen Hintergrundgesprächen mit führenden Politikern und Spitzenbeamten: Ja.

Vor einer Weile richtete die SPD eine Feier zum 75. Geburtstag ihres alten Häuptlings Franz Müntefering aus. Ein Abendessen im kleinen Kreis, darunter seine Frau, zwei führende Genossen, ein Soziologie- und ein Geschichtsprofessor, zwei Journalisten. Mehr Feier wollte Müntefering nicht. Gleich zu Anfang erklärte er, warum. Er wolle nur reden, es geschehe zurzeit so viel Grundstürzendes und Markerschütterndes, und so wenig werde darüber diskutiert. So kann es nicht gehen, befand der ehemalige SPD-Chef und legte gleich eine These vor:

Wir waren Schlafwandler, beim Epochenbruch von 1989/90 hatten wir uns kurz erschreckt, dachten, wer weiß, was jetzt alles passiert, wenn die in

West und Ost geteilte Welt aus ihrem Gehäuse springt. Dann passierte aber nichts Schlimmes und wir wähnten uns in einer neuen Selbstverständlichkeit: Die Demokratie wird immer stärker, Europa wächst zusammen, Russland wird ökonomisch gesunden und allmählich immer demokratischer. Alles wird gut. In unserem Sinne. Ein Vierteljahrhundert nach dem Fall der Mauer aber sind wir, so Müntefering, aufgewacht und fühlen uns dabei wie in einem bösen Traum. Denn jetzt passiert all das, was man damals befürchtet und dann rasch zu den Akten gelegt hatte: Russland bescheidet sich keineswegs mit dem Verlust seines Imperiums. Die westlichen Parteiensysteme hatten seinerzeit den Verlust der bipolaren, in Freunde und Feinde säuberlich sortierten Ordnung leidlich überstanden, nun zerbrechen sie in immer mehr europäischen Staaten verspätet doch noch. Derweil verliert die EU ihre Richtungsgewissheit, und das transatlantische Bündnis wirkt nach dem Verlust des großen gemeinsamen Gegners Sowjetunion ausgehöhlt. Nicht einmal die Rückkehr eines aggressiven Russlands auf die Bühne genügt, um zu reparieren, was von Irak bis NSA zwischen den USA und der EU alles schiefgelaufen ist. Wie kann es sein, schloss der ehemalige

SPD-Vorsitzende seinen Vortrag, dass all dies mit 25 Jahren Verzögerung geschieht?

So sprach der alte Müntefering und die Runde räusperte sich. Als Erster fand der Historiker seine Sprache wieder. Ein Vierteljahrhundert Verzögerung, tröstete er, das sei, historisch gesehen, ja nicht viel, im Grunde nur ein kurzes Einatmen der Geschichte. Ach so. Schön für die Geschichte. Und die Menschen?

Politiker in der Überlastungsdepression

Gespräche wie diese finden zurzeit im politischen Berlin häufig statt. Manchmal brechen aus führenden Politikern, die sich hart am Rande einer politischen Überlastungsdepression bewegen, alle Ängste zugleich hervor. Wenn der Krieg in der Ukraine weiter eskaliert und Griechenland doch pleitegeht und wenn die unsägliche Marine Le Pen französische Präsidentin wird und ihr Land isoliert und wenn die Briten aus der EU verschwinden, dann, ja dann – aber bitte schreiben Sie das nicht.

In diesen traurigen Tiraden wird die europäische Entwicklung rein mechanisch gedacht, fällt ein Dominostein, dann wackeln sogleich auch die nächsten. Doch bei der EU handelt es sich nicht um ein Dominospiel, es sind denkende, lernende Menschen am Werk. Wenn beispielsweise die Sache mit Griechenland auf die eine oder andere Weise schiefgeht, so kann das in eine gesamteuropäische Depression führen, es vermag gewiss andere zentrifugale Kräfte freisetzen. Es kann von den Bürgerinnen und Bürgern aber auch als Warnschuss verstanden und mit einem neuen europäischen Selbstbehauptungswillen beantwortet werden.

Zuweilen sind es auch kreative, fast aufgekratzte Diskussionen, in denen die neue Wirklichkeit atemlos begriffen wird, jedenfalls in groben Zügen, provisorisch, tastend. Doch ob nun altersweise oder überlastungsdepressiv, neugierig oder verwirrt – stets geht es um den Zusammenbruch erlernter Ordnungen, mit ein wenig Übertreibung ließe sich auch sagen: fast aller Ordnungen.

Im politischen Alltag jedoch wird – gemessen an den neuen intellektuellen, emotionalen und operativen Erfordernissen – viel zu wenig diskutiert, das sieht Franz Müntefering schon ganz richtig. Dafür gibt es viele Ursachen, eines ist das hohe Tempo, das die Politik heute zu bestehen hat. Spitzenpolitiker sind in Wahrheit Top-Manager, oft sehr gute, aber eben auch hobbylose, schlafarme, schnell denkende Männer und Frauen, nach vorn gepeitscht von den Krisen, von Gipfel zu Gipfel stürmend, rundum beobachtet von allgegenwärtigen Augen und Ohren, von Journalisten, von Handykameras, von der NSA. Dafür muss sie niemand bedauern, sie ziehen auch viel aus diesem in vielerlei Hinsicht reichen und intensiven Leben, man darf sich eben nur keinen Illusionen hingeben: Die Kluft zwischen noch zu Durchdenkendem und schon Durchdachtem wächst täglich. Übrigens auch bei denen, die Politik beobachten, doch dazu später.

Man kann gegen das neue politische Lebensgefühl von Umsturz, Unübersichtlichkeit und Bedrohung einwenden, dass zwischen 1990 und 2010 auch nicht gerade alles wie am Schnürchen lief. Immerhin begann bald nach dem Mauerfall der Bürgerkrieg auf dem Balkan, der mit einer Intervention des Westens und dem Wiedereintritt Deutschlands in die Welt des Militärischen endete. Das Auseinanderfallen von Titos mit Gewalt zusammengehaltenem Reich jedoch erschien den meisten lediglich als ein Nachhutgefecht, der europäische Frieden war schon ausgebrochen, nur da unten, im ehemaligen Jugoslawien, hatten sie das noch nicht mitbekommen.

Einschneidender, ruhestörender schien zunächst der 11. September 2001. Der jedoch wurde in Deutschland letztlich eher als Angelegenheit zwischen den USA und in Nordafrika und Vorderasien lebenden Muslimen angesehen, nicht zuletzt weil man bei uns keine islamistischen Anschläge wie in New York, Washington, London oder Madrid erlitten hat. Beim Feldzug der Amerikaner gegen al-Qaida musste man erst halbherzig mitmachen, um sich alsbald so weit wie möglich herauszuziehen.

Das neue politische Lebensgefühl

Sie ist versunken, diese Welt, die der Westen noch leidlich unter Kontrolle zu haben schien. Wie durch ein Wunder fanden ja auch nie mehrere internationale Katastrophen zur selben Zeit statt, die

Welt mutete uns nicht mehr zu, als wir verkraften konnten. Der Rest ließ sich gut verdrängen.

Der grausame Genozid in Ruanda im Jahre 1994 etwa, bei dem binnen vier Monaten etwa eine Million Menschen hingemetzelt wurden, war ohne Zweifel ein Ereignis, bei dem die westliche Welt nicht hätte wegschauen dürfen, ja es wäre sogar ihre verdammte moralische Pflicht gewesen, etwas zu tun. Dennoch hat man sich nur einmal kurz geschüttelt und sich dann schaudernd abgewandt. Auch das seit Jahrzehnten ohne Störung von außen verübte Verbrechen des Regimes von Nordkorea an der eigenen Bevölkerung, dieser Völkermord auf Raten, lässt sich allzu leicht verdrängen, mittlerweile sogar popkulturell überpinseln. Ob die Europäer und ihre Regierungen da hinschauen, das steht ihnen völlig frei, denn weder die Nordkoreaner noch damals die Tutsi hatten die Chance, hierher zu fliehen oder den Westen terroristisch zu bedrohen, ihre Probleme also zu unseren zu machen.

Das hat sich geändert. Griechenland, Russland, islamistischer Terrorismus, Flüchtlinge – die Krisen haben sich angewöhnt, alle zugleich auf uns einzudrängen, längst sind sie stärker geworden als unsere Verdrängungskräfte und -wünsche.

Und noch etwas hat sich geändert, schwer zu sagen, wann es genau geschehen ist, beim Einmarsch der Russen auf der Krim, bei der Pleite von Lehman Brothers, bei der dritten Wiederkehr der Griechenlandkrise oder als man den Überblick über den Mittleren Osten verloren hat: Niemand glaubt mehr, dass wir in einer Ausnahmephase leben. Fast keiner wagt mehr zu hoffen, dass sich die Araber alsbald befrieden oder dass Putin demnächst seine Kraft auf die Modernisierung Russlands konzentriert und aufhört, seine Nachbarn zu provozieren.

Langsam, zögerlich fällt der Blick der Europäer auf eine gigantische Zone der Unsicherheit, auf Länder, die von der EU bislang weder stabilisiert noch geschützt werden können, die oft keine Demokratien sind, manche vielleicht nicht einmal wirkliche Staaten: Ukraine, Weißrussland, Moldau, Transnistrien, Serbien, Mazedonien, Albanien, Kosovo, Bosnien-Herzegowina, Georgien, Armenien, Ossetien, Aserbaidschan. Gern würde man sich damit lieber nicht befassen, lange hat man nur mit halber Konzentration hingeschaut, bis unübersehbar wurde, dass es jemanden gibt, dem diese Länder nicht gleichgültig genug sind, um sie sich selbst oder der EU zu überlassen: Wladimir

Putin. Es ist mit Händen zu greifen, dass hier eine Aufgabe wartet, nein nicht wartet, sondern ungeduldig drängt, die Jahrzehnte in Anspruch nehmen wird.

Der Unterschied zwischen den 2000er-Jahren und heute liegt gewiss nicht darin, dass damals alles friedlich und idyllisch gewesen wäre, krisenfrei und einfach. Dennoch hat sich dreierlei qualitativ verändert: 1. Die Gleichzeitigkeit. Die Krisen kommen alle auf einmal, sie nehmen nicht mehr brav im Wartezimmer der Geschichte Platz. 2. Die Geschwindigkeit. Das Tempo der Politik (und des Lebens ganz allgemein) hat sich atemberaubend erhöht. 3. Die Haltlosigkeit. Der geistige Rahmen, in den wir alles, was geschah, eingespannt haben, ist wacklig geworden, an manchen Stellen ist er schon zerbrochen. West und Ost, transatlantische Beziehungen, zusammenwachsende EU, säuberlich von eins bis drei nummerierte Welt – all das gibt es so nicht mehr, oder es reicht zumindest nicht mehr hin, um die Wirklichkeit zu erfassen.

Und so bleibt eine schlichte Erkenntnis: Die Krise ist das neue Normale, die Jahre zwischen 1990 und heute waren die Ausnahme.

Menschen, die sich anschreien – bloß wegen Politik

Noch immer folgen wir hier dem müntefering'schen Muster von den verschobenen Revolutionen, von all dem, was viele Beobachter 1990 befürchtet hatten, aber heute erst geschieht. Wenn nicht die Gefahr bestünde, sich dem süßen Sog der Geschichte zu sehr hinzugeben, könnte man auch einen Vergleich ziehen zwischen der Phase vor dem Ersten Weltkrieg und unserer Gegenwart, schließlich kommt einem vieles bekannt vor: die Unübersichtlichkeit, die tiefe, gereizte Unzufriedenheit von Nationen, die sich untergebuttert fühlen (damals Deutschland, heute Russland), das Denken in Einflusssphären und von Ferne sogar wieder eine gesamteuropäische Kriegsgefahr. Doch machen solche Vergleiche leicht blind für das Neue, zum Beispiel fehlt in Franz Münteferings Aufzählung der verspäteten Probleme etwas, das unsere Zeit prägt und das historisch präzendenzlos ist: die Ökologie, die Weltsorge um die Natur, insbesondere um den Klimawandel. Denen, die nicht 75, sondern 55 sind oder jünger, ist das Umweltbewusstsein tief eingeschrieben. Für sie wäre es ein weiterer Akt des Verdrängens und eine

Ausflucht, wenn sich nun alles nur noch um alte Politik drehen würde, um Geopolitik, um Krieg und Terror, um Flottenstützpunkte und dergleichen. Nein, der Klimawandel hört nicht auf, nur weil in den Nachrichten wieder öfter Metall auf Metall schlägt. Genauer gesagt werden die Folgen der Erderwärmung jetzt mehr und mehr sichtbar, der Kampf gegen die Erwärmung und zugleich das Ringen mit ihren Folgen werden die nächsten Jahrzehnte prägen. Aus Sicht der jüngeren Generationen ersetzt die neue Krisennormalität keineswegs die Menschheitssorgen der anderen Art, sie kommt vielmehr noch obendrauf.

Die psychologischen Wirkungen der fundamental neuen Lage auf die europäischen Eliten sind brachial und kurios zugleich. Vor allem die Generation Öko, jene Männer und Frauen also, die heute 45 bis 65 Jahre alt sind, haben einige Schwierigkeiten, sich mental auf die verdoppelte Zumutung einzulassen. Überall, auch in der Politik, sitzen sie derzeit in den entscheidenden Positionen, persönlich haben sie nur wachsenden Wohlstand, Freiheit und kulturelle Verfeinerung erlebt, sie waren und sind vielfach noch immer darauf eingestellt, sich leidlich anzustrengen, verantwortlich zu agieren und im Übrigen die Früchte ihres Schaffens zu genießen – und plötzlich packt sie die Geschichte am Schlafittchen, die latent Besorgten werden zu akut Bedrängten. Müssen wir jetzt also noch mal richtig kämpfen? Mehr denn je? Und was sagt dazu unser Kardiologe?

Schauen wir für einen Moment in einen mir bekannten, für gewöhnlich von Augenzwinkern und Ironie geprägten Gesprächskreis von heute etwa 50-Jährigen aus allen Bereichen der Gesellschaft, der sich seit zehn Jahren trifft, einfach nur um zu reden, um die Welt zu verstehen und die eigene Generation darin. Vor gut einem Jahr entspann sich da schon vor der Hauptspeise zwischen CEOs, Künstlern, Politikern und Journalisten ohne jede Vorwarnung eine erbitterte Diskussion über Putin und die EU-Sanktionen: Plötzlich wurde geschrien und beleidigt, die einen wurden zu Kriegstreibern ernannt, den anderen wurde Charakterlosigkeit und Appeasement vorgeworfen. Das alles ging so weit, dass man sich hernach reihum entschuldigen musste, beschämt und verblüfft: Was war denn da passiert?

Passiert war der Einbruch der Wirklichkeit ins Establishment, aber das verstand man damals noch nicht. Seit mehr als einem Jahr spalten mittlerweile Diskussionen über Russland Familien und Freundeskreise, Kollegien und Literaturzirkel. Die neue

Heftigkeit hat sicher auch mit den besonderen historischen Beziehungen zwischen Russland und Deutschland, mit Kriegsschuld und Kriegsangst zu tun. Vor allem aber zeigt sich darin, dass niemand mental und intellektuell auf einen geopolitischen Konflikt mit militärischer Dimension vorbereitet ist – mitten in Europa. Ohne hier zu psychologisch werden zu wollen: Die übermäßig heftige Abwehr der je anderen Position dient offenbar auch der Abwehr der neuen Lage.

Warum die SPD ein Papier zur Ostpolitik zurückzog

Doch selbst wenn sich kompetente Leute ganz in Ruhe hinsetzen, um die Lage neu zu vermessen, muss das nicht unbedingt zum Erfolg führen. Mitte Februar haben Außenminister Steinmeier, Vizekanzler Gabriel und der Präsident des EU-Parlaments Schulz ein interessantes Papier zur »Neuen Ostpolitik« verfasst. Es war der Versuch, das Verhältnis der SPD zu Russland neu zu bestimmen und einen Weg aus der Konfrontation zu beschreiben. Die drei bemühten sich, eine geistige Brücke zu bauen zwischen der totalen Ernüchterung über Putin und den positiven Perspektiven, die es mit Russland gleichwohl geben könne, ja müsse. Ihr Papier wollten sie in der *ZEIT* veröffentlichen, zogen es jedoch kurz vor Redaktionsschluss zurück. Trotz mehrfacher Ermunterung gab es bis zum Sommer keine neue, veröffentlichungsfähige Fassung. Man könnte das mutlos nennen; ebenso sehr zeigt dieser Rückzieher allerdings, wie schwer es im Moment ist, sich festzulegen. Die Wahrheit dahinter lautet schlicht: Die SPD hat ein Jahr nach der russischen Krim-Annexion keine vorzeigbare Ostpolitik, keine alte und keine neue.

Vielleicht kann es eine neue Ostpolitik angesichts der inneren Spaltung der SPD vorerst auch gar nicht geben. Fast alle großen Alten der Partei kritisieren mehr die EU als Russland und bewegen sich, wenn es um Putins Krim-Annexion geht, in der schwierigen, politisch gefährlichen Zone zwischen Verstehen und Verständnis. Bei einigen von ihnen mag das auch mit persönlicher oder als persönlich empfundener Mitschuld für die Verbrechen Hitler-Deutschlands an der Sowjetunion zu tun haben. Diese Phalanx der Alten reicht indes bis hin zum Ex-Kanzler Gerhard Schröder, der auch privat und geschäftlich eng mit Russland verwoben ist, was wiederum seine Partei in moralische Misshelligkeiten bringt. Jene Sozialdemokraten hingegen, die heute in Verantwortung stehen, empfinden wenig Verständnis für Putin, im Gegenteil, sie sind maßlos enttäuscht, dass all ihre Bemühungen um Entspannung, um Dialog, um »Modernisierungspartnerschaft« unter die russischen Panzer geraten sind. Nun sind aber weder Schuldgefühle noch Enttäuschung gute Ratgeber für eine realistische deutsche Ostpolitik. Man merkt auch hier: Die Gefühle kommen aus diversen Vergangenheiten, auf der Höhe der Gegenwart bewegen sie sich noch nicht.

Voodoo-Außenpolitik

Wenn nun aber die Strategie fehlt, bleibt dann wenigstens Taktik? Immerhin spricht in einem schwer überschaubaren Terrain viel dafür, sich erst einmal tastend fortzubewegen und die Probleme zu lösen, die am drängendsten scheinen. Der deutsche Außenminister allerdings, wahrlich ein Pragmatiker par excellence, hat sich vor ein paar Monaten derart verheddert, dass man sich Sorgen machen muss um diesen Typus von Politiker. Frank-Walter Steinmeier wollte mit Rücksicht auf die türkische Regierung den Völkermord an den Armeniern nicht Völkermord nennen. Denn wer weiß, wofür man die Türken demnächst noch braucht. Als dann seine merkwürdige Vergangenheitspolitik vom Bundesrat und vom Bundespräsidenten konterkariert wurde, indem diese das Wort »Genozid« demonstrativ verwendeten, verstieg sich Steinmeier zu dem Vorwurf, damit werde der Holocaust verharmlost. Solche Fehler passieren einem besonnenen Politiker wie ihm nur, wenn sein Kompass verrücktspielt. Die Einzigartigkeit, die einzigartige Schrecklichkeit von Auschwitz war immer ein Orientierungspunkt der deutschen Politik und bleibt es auch. Sie orientiert oft nur nicht mehr, auch nicht in der Armenienfrage. Steinmeiers pragmatischer Ansatz wiederum, die türkische Regierung nicht zu sehr zu provozieren, um sich nicht als möglicher Partner und Moderator zu verbrauchen, wurzelt zu sehr in einem alten außenpolitischen Denken, in dem die

Politiker sich unterhielten und dabei ganz gut auch ohne Volk auskamen. Heute aber gibt es in Deutschland Armenier, die sich wehren gegen die Verharmlosung des türkischen Genozids. Mehr noch, auch viele Deutschtürken kämpfen für eine Enttabuisierung des Themas und würden sich von ihrer deutschen Regierung verraten fühlen, wenn die das Tabu verteidigt. Diplomatie bewegt sich heute eben weniger denn je in einem geschützten Raum, und jede türkische Frage ist wegen der Millionen Migranten hier zugleich eine innerdeutsche. Das ist es, was Frank-Walter Steinmeiers Pragmatismus beim Thema Armenien einfach nicht in den Griff bekommen hat.

Ein weiteres wichtiges Deutungsschema, in dem sich pragmatische Außenpolitik bewegt, scheint in jüngster Zeit viel von seiner Kraft eingebüßt zu haben. Es geht um das Spannungsverhältnis von Moralpolitik versus Realpolitik oder um Gesinnungsethik versus Verantwortungsethik. Weniger abstrakt ausgedrückt: Inwieweit darf eine demokratische, an den Menschenrechten orientierte Regierung ihre Werte hintanstellen, um in der Zusammenarbeit mit Diktaturen moralisch zweifelhafte, aber den nationalen Interessen dienliche Fortschritte zu erzielen?

Einen der klassischen Anwendungsfälle pragmatischer Außenpolitik besuchte Anfang März der deutsche Vizekanzler, Sigmar Gabriel: Saudi-Arabien. Bei diesem Land handelt es sich um eine islamistische Diktatur, die man rein moralisch gesehen nur mit der Kneifzange anfassen dürfte. Allerdings hat der Westen beschlossen, die Saudis als Partner anzusehen, weil sie a) sehr viel Öl besitzen, weil sie b) als Sunniten Feinde des von den USA als Hauptfeind der Region auserkorenen Iran sind und weil sie c) gegen den islamistischen Terrorismus zu kämpfen behaupten.

Aus all diesen Gründen liefert auch Deutschland traditionell Waffen an das Regime und kritisiert die Menschenrechtsverletzungen und die Unterdrückung der Frauen dort nur sehr leise. Das konnte man ekelhaft finden, doch aus heutiger Sicht muss man sagen: Das waren noch Zeiten! Denn mittlerweile verhält es sich mit diesem »Partner« wie folgt: a) besitzt er zwar immer noch immens viel Öl, dessen Bedeutung für die westlichen Industriestaaten hat allerdings deutlich abgenommen. Vor allem weil die USA wegen des Frackings zu einer Erdöl exportierenden Nation geworden sind, aber auch weil die Klimapolitik in Europa zu einer allmählichen Abwendung von CO_2-haltiger Energie führt. b) gibt es im Mittleren Osten mittlerweile dringendere Probleme als den Iran, mit dem der Westen in diesem Jahr ohnehin auf Entspannungskurs zu gehen scheint. Und c) fragen sich immer mehr westliche Politiker, ob die Saudis, die ihren aggressiven und extremistischen Glauben, den Wahabismus, in alle Welt exportieren, nicht am Ende mehr zum islamistischen Terrorismus beitragen als zu seiner Bekämpfung.

Mit all diesen Verunsicherungen flog Sigmar Gabriel nun also an den Golf. Und mit einem neuen Argument. Mittlerweile hat sich die Lage in der Region vor allem durch die barbarischen Feldzüge des IS und durch Assads Krieg gegen sein eigenes Volk derartig destabilisiert, dass ein anderes Ziel sich in die erste Reihe geschoben hat, es lautet: Hauptsache Stabilität. Und stabil, das ist Saudi-Arabien doch wenigstens, oder? Leider ist ein Besuch in Riad nicht dazu geeignet, solcherlei Stabilitätshoffnungen zu nähren. Nach wie vor ist die saudische Wirtschaft fast vollständig vom Öl abhängig, von dem sie selbst immer mehr verbraucht. Viele junge Menschen sind gut ausgebildet, aber arbeitslos. Dieser Widerspruch lässt die einen nach Liberalisierung verlangen, andere wenden sich dem IS zu. Ohnehin befindet sich der islamistische Staat

Saudi-Arabien in einem verhängnisvollen ideologischen Überbietungswettbewerb mit den islamistischen Terroristen, die ihren Staat erst noch schaffen wollen. Die beiden Ideologien sind einander so ähnlich, dass vielen nach Sinn suchenden Saudis der IS einfach nur ehrlicher und lebendiger und frommer vorkommt. Keiner weiß, wie all das weitergeht, den Stabilitätsglauben jedenfalls stärkt näheres Hinsehen nicht.

Wie also soll hier Pragmatismus funktionieren, wo soll er anpacken? Gabriel hatte einen sehr brisanten Anwendungsfall dieser Frage im Gepäck: Kurz vor seinem Besuch hatte das Regime den Blogger Raif Badawi zu 1000 Peitschenhieben verurteilt, was anders als in früheren Fällen zu einem internationalen Skandal avancierte. Der deutsche Vizekanzler war deswegen schon vor seinem Abflug am militärischen Teil von Berlin-Tegel von Menschenrechtsaktivisten abgepasst worden – und er ließ sich mit ihnen fotografieren. Die saudische Reaktion kam prompt. Am nächsten Morgen wachte Gabriel in Riad mit den offiziösen Arab News auf, in denen genau dieser Aktivismus schwer gegeißelt wurde. Da fragte sich der Vizekanzler: Was hilft nun diesem armen Blogger? Die Sache anzusprechen? Und wenn ja, wem gegenüber, gegenüber dem König oder gegenüber einem der vielen Prinzen mit unbekanntem Wichtigkeitsgrad? Oder auch öffentlich? Die schlanke Wahrheit lautet: Keiner weiß es. Und Raif Badawi? Er sitzt immer noch im Knast. Wird aber – Stand: Ende Juni – nicht mehr ausgepeitscht. Soweit man weiß.

Solches Stochern im giftigen Nebel autokratischer Regierungen ist weder ein Einzelfall noch ein Zufall. Es gehörte schon immer zu ihrer Herrschaftsmethode, nach innen und außen undurchschaubar zu sein. Heute allerdings, in schnell beweglichem außenpolitischem Terrain, auf dem sich die gewohnten Wegmarken verwischen, wirkt sich das viel massiver aus. Gabriel hat dann bei seinem Besuch eine Entscheidung getroffen: Wenn ich sowieso nicht genau weiß, was wirkt, dann handle ich nach meinen Werten und Vorstellungen, also: Ansprechen, öffentlich und auch beim König. Ist das ein neuer Gewissensidealismus? Interessant ist in diesem Zusammenhang die Verblüffung, die Gabriel mit seiner offenen Kritik am saudischen Regime bei den mitreisenden Journalisten auslöste. Als er ihnen das alles vortrug, fragte einer: »Das ist doch unter drei, Herr Minister, oder?« Was im Berliner Jargon heißt, vertraulich, nicht zum Zitieren. Worauf Gabriel zurückgab: »Nein, das können Sie alles schreiben.« Die Grenzen des Sagbaren waren offenbar selten so undeutlich wie heute. Und die Entscheidungskriterien für Realpolitik versus wertebasierter Außenpolitik noch nie so unklar.

Aus derselben Schwierigkeit – die Wirkung auf autositäre Regime vorauszusagen – lassen sich eben auch die gegenteiligen Schlüsse ziehen. Erst einmal eine Verbeugung vor den Autokraten, dann eine kleine Verleugnung der eigenen Werte und dann hoffen, dass es irgendwas bringt. Als Anfang Juni der ägyptische Diktator Abdel al Sisi zum Staatsbesuch nach Berlin kam, freuten sich einige Kommentatoren, insbesondere von der FAZ, geradezu, dass endlich wieder »Realpolitik« betrieben wurde, auch gegenüber jemandem, der schwere Menschenrechtsverletzungen begeht, Todesurteile über politische Gegner zu Hunderten fällen lässt und nicht nur die Muslimbrüder unterdrückt. Mit derselben Begründung wurde allerdings jahrzehntelang Hosni Mubarak von deutschen Regierungen äußerst freundlich behandelt und massiv unterstützt – bis ihn der Arabische Frühling hinwegfegte. Diese diktatorische Art von Stabilitätspolitik verschiebt eben die Destabilisierung nur zeitlich nach hinten – und räumlich nach außen. Denn natürlich radikalisieren sich viele Muslimbrüder unter Sisi und ziehen in die Kriege der Region (bis sie dann irgendwann ideologisch verhetzt und militärisch geschult heimkehren nach Ägypten). Dieser Mann macht das schlimme Argument der Islamisten, dass nur Gewalt gegen Unterdrückung helfe, absolut plausibel. Auch hier also gilt: Nicht alles, was schmutzig ist, ist schon »Realpolitik«.

Die eigenen Werte hintanzustellen, das ist oft nicht mehr kluge Realpolitik, sondern politisches Voodoo, mit dem man versucht, schwer beeinflussbare und kaum zu durchschauende politische Prozesse zu verhexen. Das Nüchternste vom Nüchternen, der außenpolitische Pragmatismus, verliert immer häufiger den Zugriff auf das, worum es ihm einzig geht – auf die Realität.

Der außenpolitische Pragmatismus wird also, das zeigen die Beispiele, fadenscheinig und wirkt dadurch auch in der Öffentlichkeit nicht mehr so vertrauenswürdig. Für den gewöhnlichen Fernsehzuschauer stellt sich Außenpolitik ja überwiegend als eine unendliche Folge von Auftritten etwa des Ministers des Auswärtigen dar, der in jedem Krisenland, das er besucht, hernach schwer verständliche, aber auf unbestimmte Weise beruhigende Statements abgibt: »Wir haben in fruchtbaren, vertrauensvollen und offenen Gesprächen mit unseren

Partnern X über den Konflikt Y verhandelt und wollen nun schrittweise den Plan Z implementieren.« Was zwischen den Zeilen bedeutet, kümmert euch nicht drum, wir machen das schon und haben alles im Griff. Haben sie aber nicht.

Gibt es diese Krise nur in der Außenpolitik?

Pragmatismus in der Krise

Im vergangenen Mai geschah in der Innenpolitik etwas ziemlich Merkwürdiges. Thomas de Maizière, der Zuverlässige, der Nüchterne, der Pragmatische, der Penible, der Aktenfresser – ausgerechnet er stand im Zentrum von gleich drei Krisen. Als ehemaliger Kanzleramtsminister musste er sich Fragen anhören zum Verhältnis von BND und NSA, konkret ging es darum, ob die Amerikaner mithilfe des deutschen Geheimdienstes Unternehmen und europäische Regierungen ausspähen. In seiner Funktion als Ex-Verteidigungsminister wiederum stand er in der Kritik, weil das Standardgewehr der Bundeswehr, das G36, bei intensivem Einsatz nicht mehr geradeaus schießt. Was hat de Maizière davon gewusst? Was hat er dagegen getan? Und nicht zuletzt in seiner aktuellen Funktion als Innenminister musste er sich mit Blick auf den Tod Hunderter Flüchtlinge Kritik gefallen lassen, weil auch er dafür plädiert hatte, das italienische Rettungsprogramm Mare Nostrum zurückzufahren. Vor allem dieser letzte Vorwurf hat ihn schwer getroffen.

Ein Mann, drei Krisen, warum? Thomas de Maizière, der Pragmatiker, neigt weder zur Schlamperei, noch lässt er sich durch ideologische oder idealistische Vorstellungen vom Blick fürs Detail ablenken. Aber vielleicht liegt die Bündelung dreier Krisen bei einem Mann ja gar nicht an diesem Mann.

Bei der Flüchtlingspolitik etwa musste er ein nicht aufgelöstes Dilemma verwalten, jenes nämlich zwischen Rettung und Abschreckung. Anders gesagt, die EU hatte (und hat bis heute) keinen strategischen Rahmen für ein langfristiges Problem geschaffen, in dem pragmatische Politik erfolgreich hätte sein können.

Im Falle des BND gilt, wie schon gesehen, Ähnliches. Solange eine deutsche Regierung so einseitig von den informationellen Zulieferungen der amerikanischen Dienste abhängig ist, so lange wird es nicht möglich sein, NSA und CIA dazu zu nötigen, sich an deutsche Gesetze zu halten bzw. die deutschen Kollegen auch nur kontrollieren zu lassen, ob die Amerikaner dies tun. Auch hier muss der Pragmatiker sich immer wieder in unaufgelösten Paradoxien verfangen.

Schließlich die Bundeswehr, sie ist vielleicht der seltsamste Wechselbalg der Gegenwart. In den Jahrzehnten des Kalten Krieges und der atomaren Bedrohung sollte sie in einem Krieg, der um keinen Preis stattfinden durfte, helfen, das NATO-Territorium zu verteidigen. Die Massivität und zugleich Fiktionalität dieser Aufgabe schuf eine Menge Raum für andere Aufgaben, die mit Landesverteidigung eher weniger zu tun hatten: So diente die Bundeswehr als eine Art Infrastrukturprogramm für wirtschaftlich schwache Regionen, sodann als Erstabnehmer und Testfahrer für die deutsche und europäische Rüstungsindustrie, nicht zuletzt, so sahen es viele, als Erziehungsinstrument für junge deutsche Männer. Als dann die Mauer fiel und die Sicherheitslage sich völlig veränderte, stand zunächst ein großes Fragezeichen über den deutschen Kasernen. Das ging so lange, bis durch die Balkankriege und die westliche Intervention in Afghanistan klar wurde, dass nun eine ganz neue, flexible, global einsetzbare Bundeswehr gefragt ist und nicht mehr die alte Truppe zur Territorialverteidigung. Allerdings dauerte diese Umstellung sehr lange, schließlich musste Rücksicht genommen werden auf strukturschwache Regionen, in denen die Bundeswehr gebraucht wird, damit sie konsumiert, nicht damit sie irgendwas verteidigt. Auch die langfristigen Lieferverträge für Waffen, die man nicht mehr zu brauchen glaubte, mussten selbstverständlich vertragstreu abgearbeitet werden. Und also zog sich die Transformation zur flexiblen Eingreiftruppe so lange hin, bis im politischen Raum parteiübergreifend jede Bereitschaft zur Teilnahme an militärischen Interventionen im Mittleren Osten oder wo auch immer sonst vergangen war. Mit anderen Worten: Die Bundeswehr war nur sehr begrenzt einsetzbar, ihr Einsatz aber politisch ohnehin nicht durchsetzbar. In dieser wackeligen Lage annektierte dann Wladimir Putin die Krim und entfaltete anschließend in der Ostukraine einen hybrid genannten Krieg der besonderen Art. Was bedeutet das für die deutschen Soldaten und ihre Armee? Hurra, die Territorialverteidigung ist wieder da! Aber diesmal hybrid.

Nun muss diese wichtige Institution alles zugleich sein: Territorialarmee, die hybride Kriege kann, Eingreifarmee, die nicht eingreifen soll, Kunde der hiesigen Rüstungsindustrie, auch wenn nicht alles so schießt (G36) und fliegt (Eurohawk), wie es sollte. Um auf Thomas de Maizière zurückzukommen: Diese wilde Addition von Aufgaben lässt jeden zuständigen Minister an seinem eigenen Pragmatismus verzweifeln. Jede Woche ohne Skandal ist da schon ein großer Sieg.

Die Krise des Pragmatismus, also des Lösens von drängenden Problemen in einem vorentschiedenen, vernünftigen Rahmen, rührt offenkundig daher, dass strategische Entscheidungen nicht diskutiert, nicht gefällt und nicht kommuniziert werden, Paradoxien werden schlecht aufbereitet in den politischen Alltag gekippt wie in einen Waldsee. Als Skandale und Affären tauchen sie dann irgendwann wieder auf, das strategisch Undiskutierte kehrt als pragmatisch Unbewältigbares zurück.

Lummerland – die schizophrene deutsche Lage

Die führenden Politiker sind heute mindestens so aufgewühlt wie 1989/90, dabei so unsicher wie nie, sie geben es im Vertrauen oft sogar zu. Dennoch dringt von alledem wenig nach außen. Warum? Eine gewisse Kluft zwischen dem, was Politiker innen, und dem, was sie außen sagen, gibt es immer. Derzeit jedoch ist der Unterschied zwischen drinnen Besprochenem und draußen Verschwiegenem größer denn je. Offensichtlich wollen die führenden Politiker die Leute nicht mit der eigenen Verunsicherung verunsichern. Die Folgen könnten unabsehbar sein, denken sie.

Wenn etwa die Deutschen so nervös würden, dass sie nicht mehr gern einkaufen gingen, dann würde das binnen Monaten die ganze europäische Konjunktur nach unten drücken. Dann wirkte sich die offene Krisendebatte krisenverschärfend aus.

Dahinter liegt ein tieferes psychologisches Phänomen, mit dem die Politik nicht umzugehen weiß – die strukturelle Schizophrenie der Deutschen. Zwar sitzen sie inmitten eines außenpolitischen Feuerkranzes – dennoch geht es ihnen in ihrem Land mehrheitlich ungewöhnlich gut, sie sind zufrieden und haben, landesuntypisch, meistens sogar gute Laune. Diese mentale Spaltung macht es den Leuten schwer, sich produktiv zu all den Krisen zu stellen, sind sie doch zugleich intensiv und abstrakt. Der Soziologe Heinz Bude brachte es jüngst in einem Interview auf den paradoxen Punkt: »Uns geht es beängstigend gut.«

Sinnlich erfahrbar ist die außerdeutsche Welt in Gestalt des Flüchtlings, er trägt das Außen nach innen, er ist für uns der Missionar des Miserablen; kein Wunder also, dass sich viele starke Emotionen an ihm entzünden, seien es Furcht oder Abwehr, Empathie oder schlechtes Gewissen.

Die Welt aus den Fugen, die Medien außer sich

Sollen angesichts all dessen Politiker, die sich unablässig mit den äußeren Bedrohungen befassen, wirklich die Öffentlichkeit mit ihren Sorgen und Ideen behelligen? Zumal sich die Medien ausgerechnet in dem Moment, da sie am meisten gebraucht werden, um zu ordnen und zu filtern, selbst in einem tiefen Umwälzungsprozess befinden. Auch die überkommene Struktur der Öffentlichkeit entstammt schließlich jener Epoche, in der die Zahl der Widersprüche ebenso überschaubar war wie die Zahl der Sprechberechtigten. Die maßgeblichen Zeitungen und Sender ließen sich bis vor Kurzem an zehn Fingern abzählen. Diese Sonderstellung hat die Debatten übersichtlich gestaltet und zugleich paternalisiert, ließ also die Journalisten als Lehrer der Nation erscheinen. Lehrer, Schüler, prima.

Heute ähnelt die Struktur der Öffentlichkeit jener Welt, über die sie berichtet: Sie ist multipolar, anarchisch, chaotisch, manchmal irre. Das Internet hat den alten, erkennbar verunsicherten und zugleich oft ins Gestrige versteiften Medien eine neue Schwarmintelligenz hinzugefügt, die jederzeit aber auch als Herdenblödigkeit auftreten kann.

Und um hier wirklich so ehrlich wie möglich zu sein: Dass es den Deutschen zurzeit so schwerfällt, offen mit den neuen Wahrheiten und Wirklichkeiten umzugehen, hat nicht nur mit der Politik zu tun, sondern zu gleichen Teilen mit einer Glaubwürdigkeitskrise der Qualitätsmedien, die wiederum da besonders tief scheint, wo die Irritation am größten ist: in der Außenpolitik.

Diese moralisch-kulturelle Krise speist sich aus mehreren Quellen, zunächst – absurderweise – aus einer erfreulichen Entwicklung, die Ende der 90er-Jahre einsetzte. Da fingen die politischen Journalisten an, sich aus ihren parteipolitischen Loyalitäten zu lösen, die in den seligen oder unseligen Zeiten der alten Bundesrepublik das Milieu geprägt hatten. Mühelos ließen sich damals ganze Zeitungen und einzelne Journalisten Parteien und Lagern zuordnen. Selbst Hintergrundkreise, in die Politiker eingeladen wurden, waren nach politischer Gesinnung zusammengesetzt. Wurde dann von einem Teil der Medien ein Politiker von, sagen wir, der CDU angegriffen, so konnte er sicher sein, wenigstens vom anderen Teil der Medien verteidigt zu werden.

Diese Tradition ließ sich dann irgendwann nicht mehr aufrechterhalten, weil die nachwachsenden Journalisten ein anderes, neutraleres Berufsethos vertraten, vor allem aber weil die Leserinnen und Leser immer mehr zu Wechselwählern wurden und Journalismus mit parteipolitischer Schlagseite nicht mehr wollten. Infolgedessen fühlten sich Journalisten bei ihren Recherchen und in ihren Artikeln immer weniger gebunden, sie wurden freier, aber auch rücksichtsloser, später sogar: enthemmter. Immer leichter konnte es geschehen, dass ein Politiker, der in eine Affäre geriet, von niemandem mehr verteidigt wurde, die Konstellation hieß dann nicht mehr Ätsch gegen Bätsch, sondern: alle gegen einen.

Zudem schwand nicht nur die Loyalität zu den Parteien, es wuchs bei so manchem Leser auch die sogenannte Politikverdrossenheit. Infolgedessen standen politische Medien vor einem geschäftlich bedenklichen Dilemma: Wie konnten sie verhindern, dass aus dieser neuen Politikverdrossenheit eine zunehmende Unlust an ihren Zeitungen entsteht? Viele, zu viele Medien entschieden sich dafür, sich an die Spitze der Politikverdrossenheit zu stellen und die Politik stets zu ihrem schlechtesten denkbaren Ende hin zu interpretieren. Naheliegend mag das ja auch sein, nachhaltig ist es nicht, denn warum soll man sich Tag für Tag oder Woche für Woche lange Artikel durchlesen, die einem zeigen, wie moralisch niedrig, charakterlich dürftig und handwerklich dilettantisch diese Politiker doch alle sind? Was soll man gegen diesen Abnutzungseffekt der vernichtenden Kritik bloß tun? Die Antwort lautete: die Dosis steigern.

In den 2000erjahren taten die eben geschilderten Entwicklungen dann ihre Wirkung: alle gegen einen, immer rücksichtsloser, immer negativer, immer heftiger. Wie groß die Vergehen von Politikern waren, die in diese Hölle gerieten, spielte wie zum Beispiel beim Fall Theodor zu Guttenberg oder Annette Schavan dann schon keine Rolle mehr, die Aufregung und Empörung hatte immer nur ein Maß: Maximum. Und natürlich genossen es die Leserinnen und Zuschauer eine Weile auch, sonst hätten die Medien sich gewiss irgendwann wieder eingekriegt.

Dies alles fand seinen Höhe- und Wendepunkt in der Affäre Wulff, die bekanntlich mit dem Rücktritt des Präsidenten am 17. Februar 2012 endete. Ein angeblich nicht ordentlich bezahltes Bobby-Car, eine Nichtigkeit also, wie sie nichtiger nicht sein kann, wurde zum Menetekel einer nie da gewesenen Medienraserei. Das war der Moment, in dem Politikverdrossenheit endgültig in Medienverdrossenheit umschlug, wir Journalisten gerieten unter Generalverdacht. Diese Kritik mag ihrerseits etwas ungerecht gewesen sein, weil Christian Wulff sich gemessen an seinem Amt tatsächlich zu schnorrerisch verhalten hatte und weil die Sache mit dem Bobby-Car nicht die seriösen Medien verbrochen haben, sondern die Bild-Zeitung, aber was hilft's? Was die Leute im Kopf behielten, war: Immer wenn die Medien unisono auftreten, dann sind sie auf der Jagd, dann sind sie im Fieber, dann sind sie mutmaßlich im Unrecht, dann müssen wir als Staatsbürger und Zeitungsleser uns gegen sie wehren.

Apropos Wahrheit – lassen sich deutsche Journalisten von Washington steuern?

Dieses neue Bild vom Journalismus des Jahres 2012 sollte sich zwei Jahre später bitter rächen. Als Wladimir Putin sich entschloss, die Krim zu annektieren und in der Ostukraine einen schmutzigen Krieg zu befeuern, reagierten die deutschen Medien mit einhelliger Kritik an diesem Vorgehen, auch die Berichterstattung ließ diese Grundhaltung erkennen. Fehler, die dabei gemacht wurden, bezogen viele Leser, User und Zuschauer nicht etwa auf Putins Hütchenspielen mit der Wirklichkeit (Soldaten ohne Hoheitszeichen, Laster ohne Nummernschild, gefälschte Satellitenbilder etc.), vielmehr glaubten sie darin wieder das bekannte Medien-Muster zu erkennen: alle gegen einen (nun also Putin statt Wulff), koste es, was es wolle.

Im Großen und Ganzen lagen sie mit dieser Einschätzung falsch. Die weitreichende Einigkeit unter den berichtenden und kommentierenden Kolleginnen und Kollegen hatte einen schlichten, aber offenbar in der Bevölkerung unglaubwürdig gewordenen Grund: Sie entsprach einfach ihrer politischen und moralischen Haltung. Jahrelang haben sie die Politik des Wladimir Putin beobachtet, hatten seine Wende von der Reform zur Repression analysiert und kritisierten darum nun seine aggressive Wendung in der Außenpolitik.

Diese Haltung konnten die Journalisten wegen der in den Jahren zuvor entstandenen Muster von Anfang an nur schwer vermitteln. Es kam aber noch etwas hinzu, was man an einer Ausgabe der Satire-Sendung »Die Anstalt« zeigen kann. Sie nahm sich einige wichtige außenpolitische Journalisten vor. Auf einer Schautafel wurden tatsächliche und angebliche Verbindungen dieser Kollegen mit amerikanischen Thinktanks dargestellt, die Botschaft war unmissverständlich: Die relative Einheitlichkeit der Ukraine-Berichterstattung sei allzu leicht zu erklären, sie rühre nämlich daher, dass die Journalisten von der US-Regierung, von der NATO und sonst wie von der Politik gesteuert seien.

Das alles war überspitzt und teilweise sachlich falsch, aber wiederum, was hilft's: Die im Internet rasend populär gewordene Sendung hatte erfolgreich ein Muster bedient. Und, schlimmer noch: Sie hatte auch ein bisschen recht.

Tatsächlich gibt es zahlreiche transatlantische Organisationen wie die Atlantik-Brücke, die Bilderberg-Konferenz und viele andere, in denen Politiker, Militärs, Mitarbeiter amerikanischer Thinktanks und eben Journalisten zusammenkommen. Diese Veranstaltungen, von denen nicht berichtet werden darf, haben einen bestimmten Zweck – in der Regel: offiziell die Stärkung der transatlantischen Zusammenarbeit. De facto sind sie auch ein Transmissionsriemen für die amerikanische Denkart in der Außenpolitik, für die je angesagte Politik Washingtons. In diesen Netzwerken wurde in den Jahren der Mittelost-Kriege eine Politik vordiskutiert und rationalisiert, die aus heutiger Sicht als stellenweise durchgeknallt bezeichnet werden muss.

Wenn man den Erzählungen der Journalisten, die in solche Institutionen eingebunden sind, glauben schenken darf (was ich tue), dann sollte man sich diese Veranstaltungen nicht so vorstellen, dass dort amerikanische Agenten Parolen ausgeben, die von deutschen Journalisten hernach unverzüglich und unverfälscht in die Zeitungen gebracht werden. Es wird dort sogar kontrovers diskutiert. Allerdings entsteht dabei eine eng umgrenzte Zone des Denkbaren und des Abwegigen, es werden Logiken und Sichtweisen geteilt, über die man sich so einig ist, dass sie gar nicht als Sichtweisen erscheinen, sondern als schiere Selbstverständlichkeit.

Durch dieses journalistische Eingebettetsein hat die außenpolitische Debatte hierzulande zuweilen einen merkwürdigen amerikanischen Akzent, oft gewinnt man beim Lesen den Eindruck, als würde einem in Leitartikeln etwas beigebogen, als gäbe es Argumente hinter den Argumenten, fast glaubt man, eine Souffleur-Stimme zu hören. Das spüren auch jene, die von der Atlantik-Brücke gar nichts wissen, und das macht sie misstrauisch. Insofern sind auch die Journalisten in der Bringschuld, wenn es um einen neuen realistischen und ehrlichen Diskurs in der Außenpolitik geht und darum, Leser-Vertrauen zurückzugewinnen: Sie müssen sich aus diesen Institutionen verabschieden.

Und in all das hinein soll nun die Politik ihre ehrliche, ungeschönte Weltbestandsaufnahme geben? Die sähe doch, knapp gefasst, so aus: Wir befinden uns in einer großen kulturellen Regression, die immer intoleranter wird, die mehr Nationalismus und Aggressivität gebiert, man hat das Gefühl, dass die Autoritären in Moskau, Ankara und Peking noch autoritärer werden, die Fundamentalisten noch fundamentalistischer, die Terroristen noch brutaler. China ist ein ungeheuer starker Konkurrent, woran zu denken wir uns gewöhnt haben; heute aber müssen wir erkennen, dass auch er politisch labil ist, keiner weiß, wie lange das Einparteiensystem noch hält. Doch sind all das Veränderungen und Beunruhigungen der äußeren Welt. Viel wichtiger ist, dass zurzeit Identitäten verändert und Fundamente verschoben werden, es geschehen Dinge, die tief in die Seele der Europäer reichen. Und der Deutschen.

Die USA und das Ende des Paternalismus

Wer in diesen Monaten mit ehemaligen oder amtierenden Außenpolitikern über Grundsätzliches spricht, gelangt früher oder später zu einem, nein zu *dem* neuralgischen Punkt, an dem in den vergangenen sieben Jahrzehnten die deutsche Außenpolitik aufgehängt war und an dem sie nun nicht mehr aufgehängt sein kann – unser klar definiertes, spezifisches Verhältnis zu Amerika.

Joschka Fischer, der ehemalige Außenminister, agiert in der Öffentlichkeit heute eher vorsichtig, als Berater international arbeitender Firmen wird er hingegen für seinen Klartext bezahlt. Was denkt er wirklich? Wir beide kennen uns seit dreißig Jahren, es herrscht eine gewisse Vertrautheit. In seiner Zeit als Außenminister habe ich ihn oft begleitet. Einmal, im Juni 2001, war Fischer auf Nahostreise, als kurz nach unserer Ankunft in Tel Aviv bei einem Selbstmordattentat auf die Diskothek Dolphinarium 21 Teenager und vier Erwachsene zu Tode kamen. Sofort drohte die Lage zwischen Israelis und Palästinensern zu eskalieren, und der deutsche Außenminister versuchte, mit einer Art Pendel-Diplomatie zwischen Jerusalem und Ramallah zu vermitteln. Ein fast aussichtsloses

Unterfangen, aber Fischer mühte sich nach Kräften. Doch irgendwann entfuhr ihm ein Stoßseufzer: »Das kann ich nicht regeln, das kann nur der Tenet.« Der Tenet, das war George Tenet, seinerzeit Direktor des CIA. Wenn es wirklich ernst wird, das steckte dahinter, können nur die Amerikaner helfen.

Gut drei Monate später saßen wir in der deutschen Gesandtschaft in Washington, vier Journalisten und ein Minister, der bis oben hin voll war mit Sorgen. Den Grund konnte man hören, denn man hörte nichts: Kein Flugzeug flog über der amerikanischen Hauptstadt, weil nach den Anschlägen vom 11. September noch ein Flugverbot für zivile Maschinen herrschte. Fischer sinnierte darüber, was nun alles geschehen würde, jetzt, da die Super- oder Hypermacht verletzt war und wütend. Vor seinem geistigen Auge entstand ein Mittlerer Osten außer Rand und Band, Staaten fielen wie Dominosteine, mithin alles so, wie es zehn Jahre später dann auch kam; wieder so eine merkwürdige Verzögerung von Geschichte. In seine unübersehbare Bewunderung für die Stärke der USA mischte sich damals eine neue Angst vor der westlichen Supermacht. Sie mündete am 10. Februar 2003 in eine Konfrontation mit dem US-Verteidigungsminister Donald Rumsfeld auf der Münchener Sicherheitskonferenz. Dort sagte Fischer den berühmten Satz zum geplanten Irak-Krieg, der eine Wende im deutsch-amerikanischen Verhältnis markierte: »I am not convinced.«

Und heute? Was, lieber Joschka Fischer, werden die Amerikaner tun, wenn Wladimir Putin das Minsker Abkommen bricht und versucht, von der Ostukraine aus nach Mariupol vorzudringen, um eine Landbrücke zur Krim zu bekommen? »Dann werden die Amerikaner Waffen an Kiew liefern.« Und wäre das richtig? »Nein.« Wäre es gefährlich? »Ja, aber dann unabweisbar.«

Natürlich wäre es gefährlich, brandgefährlich. Schließlich würde der russische Präsident, so weit man seine Schritte überhaupt vorhersagen kann, einen Aufrüstungswettbewerb mit den Amerikanern annehmen. Das Ende wäre unabsehbar, eine direkte Konfrontation zwischen der NATO und Russland würde wahrscheinlich. Diese Befürchtung hat auch die Bundeskanzlerin auf der diesjährigen Münchener Sicherheitskonferenz durchblicken lassen, als sie sagte, sie könne nicht erkennen, wie sich Putin durch Waffenlieferungen beeindrucken lassen sollte. Man muss schon einige Tausend Meilen von der Ukraine entfernt leben, um diese verhängnisvolle Eskalationsgefahr nicht erkennen zu können.

Ebenfalls in München musste sich die Kanzlerin vom US-Senator und vormaligen Präsidentschaftskandidaten John McCain für ihre auf Sanktionen und Diplomatie setzende Ukraine-Politik beschimpfen lassen. »Torheit« warf er ihr vor und dass sie sich nicht für die Leiden der Menschen in der Ukraine interessiere. Lassen wir seine Unverschämtheit hier mal beiseite, so wirft der Vorgang doch ein Licht auf die Stimmung und Haltung, die in Washington vorherrschen. Barack Obama konnte Waffenlieferungen noch verhindern, die um ihn herum und wohl auch jene, die nach ihm kommen, sehen das ganz anders.

Das also ist der Lernprozess, nicht nur für Joschka Fischer: zuerst waren da die USA, die stark waren und halfen; sodann die USA, die in ihrer Verletztheit den Mittleren Osten destabilisierten, und nun: die USA, die Europa in allergrößte Kriegsgefahr bringen können. Und die nebenbei den Versuch der EU, mit ihren gewaltfreien Mitteln Wladimir Putins Aggression einzudämmen, zunichtemachen würden, denn so viel ist klar: Ein Wettrüsten des Westens mit den Russen dürfte alle Aufmerksamkeit auf das Militärische lenken und die Einigkeit der Europäer bei den Sanktionen zerstören.

Das also, die dann wohl tiefste Krise zwischen den USA und der EU, ist die am meisten beschwiegene Befürchtung des politischen Berlins. Dagegen sind die Streitereien um das Freihandelsabkommen TTIP ein Klacks, und selbst die BND/NSA-Affäre wirkt da im Vergleich eher harmlos.

Dass sich ausgerechnet an der Ukraine-Frage ein solcher atlantischer Graben auftut, wirkt auf den ersten Blick merkwürdig. Immerhin haben die USA oder zumindest ihr Präsident erstmals in einer weltpolitischen Krise den Europäern die Führung überlassen. Genauer gesagt: den Deutschen. Obama reagiert damit auf eine außenpolitische Überdehnung seiner Vorgänger, die er nicht mehr aufrechterhalten will. Die USA brauchen, so seine Analyse, mehr Kräfte im pazifischen Raum, sie können sich nicht mit demselben Einsatz wie in den Jahrzehnten zuvor um die diversen Nachbarschaften der EU kümmern.

Allerdings bedeutet weniger amerikanisches Engagement nicht unbedingt weniger amerikanische Anmaßung. Das gilt nicht nur für einige aufgeregte Senatoren und die Diskussion über Waffenlieferungen, sondern – etwa beim Thema Griechenlandrettung – sogar für Barack Obama, der die Deutschen z. B. immer wieder auffordert, mehr Geld nach Athen zu pumpen, was an der Wall Street bejubelt und vom Kanzleramt schlichtweg übergangen wird.

Von den USA vor die europäische Haustür gekippt – der Mittlere Osten

Manche Prozesse in der Politik laufen so langsam, dass sie lange nicht bemerkt werden. Würde die Geschichte zwischen den USA, dem Mittleren Osten und der EU jedoch im Zeitraffer ablaufen, dann könnte man aus den europäischen Hauptstädten zurzeit immer wieder Schreie des Entsetzens hören. Denn das, was gerade geschieht, muss jeden auf diesem Kontinent erschrecken. Die Amerikaner haben in unserer südlichen Nachbarschaft ein unsägliches Chaos angerichtet oder nicht verhindern können, und nun, da alles in Scherben liegt, ziehen sie sich allmählich zurück, und eine geografische Wahrheit tritt zutage, vor der sich die Europäer lange gedrückt haben. Arabien und Persien sind gar nicht die Nachbarn der USA, sondern: unsere.

Um die Wucht dieser Entwicklung zu verdeutlichen, sei ein kurzer Rückgriff auf die Geschichte erlaubt: Seit der Sueskrise im Jahr 1956 haben die Amerikaner den seinerzeit gescheiterten Europäern den Mittleren Osten weitgehend aus den Händen genommen, sie bestimmten die Grundlinien der Politik gegenüber Arabern und Persern. Nach den

Anschlägen vom 11. September 2001 hat sich deren Engagement in der Region noch einmal verschärft. Und man muss leider sagen (angesichts des mangelnden Engagements der Europäer schämt man sich fast dafür): Die USA haben in diesen sechzig Jahren unfassbar viele Fehler gemacht. Da war, um nur ein paar besonders prägnante Beispiele zu nennen, die Niederschlagung demokratischer Bewegungen in Persien in den 50ern und die Aufrüstung der afghanischen Taliban gegen die sowjetische Besatzung in den 80ern. Da war aber vor allem eine fast lückenlose Fehlerkette seit 9/11.

Die damals unausweichlich scheinende und im Nachhinein mit einiger Mühe wenigstens noch begründbare Invasion Afghanistans wurde von Anfang an durch das amerikanische Vorhaben verdorben, auch noch den Irak zu erobern. Denn dadurch musste man militärische Mittel in der Hinterhand halten und sich in Afghanistan mit den Warlords gegen die Taliban verbünden. Aus Sicht der afghanischen Bevölkerung hieß das: Die einen Kriminellen sind jetzt also die Guten, die anderen Kriminellen sind die Bösen. Loyalität und ein minimaler Glaube an Gerechtigkeit ließen sich so nicht schaffen. Und der Krieg nicht gewinnen. Der dann folgende Krieg gegen Saddam Hussein erwies sich nicht nur als Fehlschlag, er war auch ein mit Tricks und Fälschungen herbeigeführtes Verbrechen. Die Legitimation des Westens, die in der Region ohnehin nicht besonders hoch war, wurde so auf nahe null gebracht.

Nachdem sich herausgestellt hatte, dass der Versuch, den Mittleren Osten durch massive militärische Intervention und Nation-Building von außen zu verändern, gescheitert war, setzten die Amerikaner wieder auf Stabilisierung der Diktaturen. Bis die durch den Arabischen Frühling teilweise gestürzt wurden. Seitdem ist ein völliges strategisches Durcheinander entstanden. Mal wird interveniert wie in Libyen, aber nicht mehr mit Bodentruppen. Mal wird nicht interveniert, aber eine rote Linie gezogen wie in Syrien, dann lässt man es zu, dass die rote Linie überschritten wird. Der aus dem Chaos geborene IS, schlimmer als al-Qaida, wird aus der Luft bekämpft, von wo aus er sich nicht besiegen lässt.

Es wurde sehr viel ausprobiert, das Ergebnis ist verheerend. Warum in aller Welt, so fragte ich kürzlich Anton Troianovski, den Berlin-Korrespondenten des Wall Street Journal, schämen sich die Amerikaner denn kein bisschen, warum erlegen sie sich nicht wenigstens ein zweijähriges außenpolitisches Bußschweigen auf? Er sagte, das sei halt nicht ihre

Art. Vor allem aber würden diese Fehlschläge in der inneramerikanischen Debatte ja nie den USA insgesamt zugerechnet, sondern immer dem je anderen Lager zugeschlagen: George W. Bush war zu militant, sagen die Demokraten; Barack Obama agiert zu weich und zu zögerlich, sagen die Republikaner und so weiter. Und von außen, also etwa die Europäer, wagt es keiner, den USA zu sagen: An eurer Art, Außenpolitik zu denken und zu treiben, ist etwas Grundlegendes falsch, lasst uns darüber reden, was das sein könnte, damit wir zusammen daraus lernen. Auch das, die Generalkritik großer Teile der deutschen Politik an der Mittelostpolitik der USA, gehört in den Bereich der vernuschelten Wahrheiten.

Dabei wäre darüber dringend zu reden, denn nun, da der Mittlere Osten weitgehend destabilisiert ist, wo die Lage heillos zu werden beginnt, ziehen sich die Amerikaner eben allmählich zurück. Sie haben gute Gründe dafür. Den islamistischen Terrorismus können sie auch mit deutlich weniger Einmischung bekämpfen, die Abwehrmittel Homeland Security und NSA sowie die unbemannten Offensivwaffen, also Drohnen, machen das möglich. Auch das zweite große Interesse an der Region hat sich stark verringert: Öl haben die USA dank ihres

Fracking-Programms nun selbst genug. Die Flüchtlingsströme wiederum landen nicht in den USA, sondern an den Küsten der EU. Darum überlassen die Amerikaner, wie es aussieht, künftig den darauf völlig unvorbereiteten Europäern mehr als je seit 1956 das Feld.

Die haben es sich in den vergangenen Jahrzehnten recht bequem gemacht, indem sie den Amerikanern meistens gefolgt sind, aber nie eine eigenständige strategische Perspektive auf die Region entwickelt haben. Und man kann nicht erkennen, dass die EU mit Hochdruck daran arbeiten würde.

Unter diesen Umständen nimmt es nicht wunder, dass die öffentliche Debatte über die Frage, wie eine europäische im Unterschied zu einer amerikanischen Mittelostpolitik denn ausgesehen hätte oder künftig aussehen könnte, noch kaum begonnen hat. Zwei prinzipielle Erwägungen seien hier jedoch benannt: Es macht zum Ersten einen immensen Unterschied, ob man eine Region in erster Linie von potenziellen Terroristen besiedelt sieht oder eher von potenziellen Flüchtlingen. Zum Zweiten: Für die Europäer sind die Araber und Perser viel weniger als für die Amerikaner »die da unten«, sondern in sehr hoher und weiter wachsender Zahl schon Landsleute. So viele Marokkaner, Libanesen, Ägypter, Tunesier, Syrer und Iraner sind zugleich Deutsche, Briten, Franzosen, Spanier und Niederländer, so viele von ihnen leben in Europa, dass man alles, was man Nordafrika antut, auch sich selbst antut.

Die sind schon wir.

Man kann nur hoffen, dass dieser Unterschied zum amerikanischen Blick, diese tiefe Nachbarschaftlichkeit, dereinst die Politik der EU bestimmt. Denn dann würde man die Klimapolitik als präventive Flüchtlingspolitik verstehen, genauso wie Marktöffnungen der EU, man hätte insgesamt ein eminentes, ein existenzielles Interesse daran, dass es den Menschen da unten einigermaßen gut geht, es genügte nicht mehr, dass sie uns nicht gefährlich werden können.

Emanzipation ist kein Kindergeburtstag

Die unausweichliche geistige Emanzipation von den USA wird vor allem den Deutschen schwerfallen. Aus guten historischen Gründen ist der amerikanische Einfluss auf das deutsche außenpolitische Denken stark, wie oben gesehen wird die öffentliche Debatte hierzulande vonseiten der USA nachhaltig beeinflusst. Ähnliches gilt sogar für die führenden Politiker dieses Landes. Joschka Fischer wie auch Angela Merkel ließen sich von Henry Kissinger in die weite Welt der Außenpolitik einführen, bevor sie in ihre Ämter kamen.

Daneben gibt es die eingeschriebene Gewohnheit, dass deutsche Diplomaten sich einiges gefallen lassen. Da wird schon mal ein Spitzenbeamter von seinem Gegenüber in Washington angeschrien. Es soll auch schon eine Sicherheitsberaterin mit dem Fuß aufgestampft haben, als sie die Geduld mit den Deutschen verlor, manch einer wird eine Woche lang nicht zurückgerufen. Normalerweise wird darüber nicht gesprochen. Am 9. Mai jedoch veröffentlichte die Süddeutsche Zeitung einen Mailwechsel zwischen Angela Merkels wichtigstem außenpolitischem Berater Christoph Heusgen und seinem früheren Pendant auf der anderen Seite des Atlantiks, Karen Donfried, der einen gewissen Eindruck von den, vorsichtig formuliert, asymmetrischen Beziehungen gibt. Es ging darin in Reaktion auf die Ausspähung des Handys der Kanzlerin durch die NSA um ein mögliches (genauer: nicht mögliches) No-Spy-Abkommen. Dieser diplomatische Austausch erweckt den Eindruck, dass die einen bitten und die anderen mit so eben noch bewahrter Höflichkeit einem Quengler Nein sagen. Mit anderen Worten: Wir spähen euch aus, wie es uns passt, »all the best, Karen«. Von hier bis zur Augenhöhe mit Amerika dürfte es noch ein Weilchen brauchen.

Die unausweichliche Emanzipation der Deutschen und der Europäer von den USA wird aber auch deshalb sehr anspruchsvoll werden und eine neue Sprache erfordern, weil man dabei jede Übertreibung vermeiden muss. Zum einen aus sicherheitspolitischen Gründen. So kann es den Europäern zwar gelingen, Wladimir Putins Vorrücken auf die Außengrenzen der EU durch nichtmilitärische Mittel zu stoppen. Wenn er aber doch NATO-Territorium berühren sollte, dann wird es ohne das militärische Abschreckungsarsenal der USA keinesfalls gehen.

Zum Zweiten dürfte eine größere Eigenständigkeit gegenüber den USA um keinen Preis dem nicht zuletzt in Deutschland grassierenden Antiamerikanismus in die Hände spielen, der oft nur eine Fassade des Antisemitismus ist. Von ganz links wie von ganz rechts werden die USA so kritisiert, als seien sie nicht eine Demokratie, die eben auch Fehler macht und zuweilen ihre eigenen Regeln verletzt, sondern als bestünden sie nur aus diesen Fehlern und seien darum kein demokratischer Rechtsstaat mehr. Nicht zuletzt bilden Europa und die USA trotz aller Differenzen die engste Wertegemeinschaft dieses Planeten.

Aus all dem ist nachzuvollziehen, wieso unsere Politiker noch nicht eingeübt sind in eine erwachsene transatlantische Partnerschaft – und darum den Bürgern keine entsprechende Sprache und Haltung vermitteln oder gar vorleben können.

Europa kennt sich selbst nicht mehr

Von der Bundeskanzlerin wird seit ihrem Amtsantritt vor zehn Jahren verlangt, sie solle endlich eine große europäische Rede halten, solle sagen, wo sie hinwill mit diesem Kontinent. Dieses Verlangen speist sich nicht zuletzt aus dem Verdacht, sie sei keine »richtige Europäerin«, die Vertiefung der EU liege ihr nicht genügend am Herzen. Seit die Gemeinschaft in ihre finanziellen Probleme geraten ist, also seit dem Kollaps von Lehman Brothers und dem finalen Ausbruch der Griechenlandkrise, verstärkt sich die Sehnsucht nach einer solchen erlösenden, einenden Rede von Angela Merkel.

Alle, die darauf warten, sollten sich in Geduld fassen, in sehr viel Geduld. Merkels größte Stärke ist die große Rede ohnehin nicht, und die tiefe Kluft, die bei Barack Obama zwischen Reden und Taten im Laufe seiner Amtszeit entstanden ist, hat sie bestimmt nicht redseliger werden lassen. Es gibt aber noch andere Gründe für die ausbleibende Ansprache der Kanzlerin, weniger persönliche. Deutschlands Rolle ist im Zuge der einschlägigen Krisen so dominant geworden, dass der Versuch, geistige Führung zu übernehmen, in anderen europäischen Hauptstädten leicht als Anmaßung verstanden werden könnte. Hinzu kommt, mit Blick auf die Schuldenkrise: Eine Rede, die gleichermaßen in Deutschland, das sich nach fiskalischer Strenge sehnt, in Griechenland, das finanziell erlöst werden möchte, und bei den auf Fehler und Widersprüche lauernden Finanzmärkten gut ankommen würde, die müsste wahrscheinlich nicht in Berlin, sondern im Himmel geschrieben werden.

Gleichwohl weist der immer wiederkehrende Ruf nach einer solchen Rede auf ein reales und auch drängendes Problem hin. Europa ist aus seiner Selbstverständlichkeit gefallen, es erklärt sich nicht mehr von allein. Die alte Erzählung von dem europäischen Krieg, der nun durch die staatliche Einswerdung Europas für immer verhindert sei, hat viel von ihrer Kraft verloren. Und eine neue Erzählung gibt es bislang nicht.

Stattdessen bewegt sich die EU in einer Art permanentem Shitstorm. Dass im Kreml herablassend von den dekadenten Europäern gesprochen wird und auch Washington sich immer wieder genervt zeigt von der europäischen Vielstimmigkeit, uns wechselweise als alt (Old Europe) bezeichnet und als unreif (wegen der unklaren staatlichen Struktur) belächelt, mag dabei noch angehen, schließlich handelt es sich um globale Wettbewerber. Doch die eigentliche Quelle des traurigen Liedes über Europa ist die eigene Hauptstadt, es ist Brüssel (und Straßburg).

Dort sitzen immer mehr Euroskeptiker, die gerne zurückwollen in ihre nationalen Gehäuse und von morgens bis abends auf der Suche sind nach etwas, das man gegen die EU verwenden könnte. Aber auch sie sind nicht die wichtigste Quelle für das europäische Negativ-Narrativ, das sind vielmehr – so paradox es klingt – die Europhoriker, die das Brüsseler Denken dominieren. Sie wollen eine immer tiefere Union, bis hin zum Bundesstaat amerikanischer Prägung, und sie haben genaue Vorstellungen davon, wie dieser Weg auszusehen hat. Im Zentrum steht für sie die Reform der Institutionen, immer mehr Integration, immer weniger nationale Souveränität. Ihnen ist schon der Europäische Rat ein Dorn im Auge, das Brüsseler Gremium, in dem die Staatschefs zusammenkommen. Diese Europhoriker machen spiegelverkehrt das Gleiche wie ihre Gegenspieler, die Euroskeptiker. Die einen prüfen täglich, ob die EU sich wieder zu wenig integriert hat, und sind dann zutiefst enttäuscht, denn: Es ist nie genug. Und die anderen, ob sich die EU wieder zu sehr integriert hat.

Wer sich in der letzten Zeit durch die Chef-Büros der EU-Kommission und des Parlaments gekämpft hat, der kommt mit einer regelrechten Europression wieder raus. Diese an sich sympathischen, engagierten Leute sind offenkundig wenig sensibel für die reale Integration, die sich in den letzten Jahren tatsächlich bereits vollzogen hat. Sowohl die Schuldenkrise als auch die Ukraine-Krise haben die Staaten der EU in einer bis dahin nicht gekannten Weise faktisch zusammenwachsen lassen. Es gibt nun eine europäische Öffentlichkeit, deutsche und dänische Bürger haben eine Vorstellung davon, was ein Athener Taxifahrer verdient und wie überteuert seine Lizenz ist, Spanier und Italiener schauen kritisch nach Griechenland, weil sie nicht für deren Wirtschaftsmisere zahlen möchten. Und die europäische Einheit bei den Sanktionen gegen Russland hätte bis vor Kurzem niemand für möglich gehalten. Jetzt, wo Einheit da ist, sehen diese Brüsseler lediglich, dass sie prekär ist und zerbrechen könnte. Nur wenige haben bisher ein Sensorium für die Weltmacht im Werden entwickelt, Martin Schulz, Präsident des Parlaments, ist einer dieser wenigen, doch auch er ist hin- und hergerissen zwischen neuer Stärke und alter Larmoyanz.

Um das bedeutendste Beispiel zu nehmen: Wird die europäische Politik gegenüber Russland in Brüssel und von den Menschen in der EU eigentlich als Erfolgsgeschichte wahrgenommen, als etwas, woraus sich Lehren und Selbstbewusstsein ziehen lassen? Jene, die nur solche Fortschritte erkennen und begrüßen können, die nach dem theoretischen Lehrbuch der institutionellen Vertiefung ablaufen, sagen dazu: Das haben nicht die Europäer erreicht, sondern Merkel und Hollande. – Dabei wurde die Einigkeit in den Sanktionsfragen in Brüssel organisiert, und wer ein bisschen großzügig ist, der könnte den französischen Präsidenten und die deutsche Kanzlerin zur Not auch als Europäer ansehen.

Und jene, die in ihrer Jugend in einen amerikanischen Thinktank gefallen sind und Machtgebaren gern mal mit Macht verwechseln, beurteilen die Ukraine-Politik so: Die EU war unfähig, Putin an der Annexion zu hindern und an seinem hybriden Krieg in der Ostukraine. Gegenfrage: Wer hätte das denn mit welchen Mitteln zu verhindern vermocht? Und vor allem: Die Ziele des Kreml-Chefs sind offenbar die Destabilisierung der EU-Außengrenze und die Spaltung der EU. Weit ist er damit jedenfalls noch nicht gekommen. Vielmehr hat er sich eine extrem kostenträchtige Halbinsel einverleibt und investiert Energie und schweres Gerät in die Verteidigung eines kleinen, ökonomisch ruinierten Landstrichs im Osten der Ukraine. Der EU ist es also gelungen, eine – militärische – Supermacht durch ökonomischen und politischen Druck am Vormarsch zu hindern.

So könnte man es auch sehen und kommunizieren. Aber wer im selbstverquälten Europa tut das?

Sind wir dekadent oder nur liberal?

Das Klein- und Runterreden der EU ist weit mehr als eine atmosphärische Frage. Denn wer sich nicht stark fühlt, der wagt auch nicht, seinen Blick zu heben und die neue epochale Lage des Kontinents offen und klar zur Kenntnis zu nehmen.

Putins Kritik an der EU, an »Gayropa«, ist natürlich absurd, weil der Kreml-Herrscher einfach Liberalität mit Dekadenz gleichsetzt. Dennoch kann man wirklich fragen, ob dieses larmoyante Nach-innen-Wenden nicht auch ein Zeichen von politischer Dekadenz sein könnte. An dieser Stelle sei ein Mann zitiert, der mit amerikanischem, also interessiertem Blick auf die EU schaut: »Europa wendet sich just in dem Augenblick nach innen, da die Weltordnung, die es in bedeutendem Maße mit geschaffen hat, von zerstörerischen Entwicklungen bedroht wird, die alle Regionen, die ihre Mitgestaltung versäumen, am Ende in den Abgrund reißen könnten.« Das schreibt Henry Kissinger in seinem neuen Buch mit dem bescheidenen Titel »Weltordnung«. Wenn man seine routinierte Apokalyptik einmal beiseitelässt, so hat der ewige Ehrenaußenminister hier wirklich einen Punkt getroffen. Während sich die EU immer noch gern in den Schoß weint, baut sich drum herum ein völlig neues Szenario auf. Und man kann sich ja tatsächlich fragen, ob die Briten und die Schotten, die Katalanen und die Basken weiterhin ihre separatistischen Übungen vollführen würden, wenn in der europäischen Öffentlichkeit eine ernste Diskussion darüber geführt würde, in welcher Situation sich das freie, demokratische Europa historisch gerade befindet.

Europa allein zu Haus

Zweimal haben die USA den alten Kontinent aus seinen selbst gemachten Katastrophen befreit. Ohne ihre Hilfe hätten die beiden Weltkriege noch länger gedauert und zu einem noch schlimmeren Ende geführt. Europa war lange Zeit also nicht in der Lage, sich selbst zu balancieren, endete stattdessen Mal um Mal in einem kontinentalen Bürgerkrieg. Die daraus folgende Schwächung führte nach dem Zweiten Weltkrieg dazu, dass die Europäer weder in der

Lage waren, sich gegen die mächtig gewordene und bald auch nuklear bewaffnete Sowjetunion alleine zu verteidigen, noch seinem anderen großen Nachbarn Arabien eine Ordnung aufzuzwingen. Beide Aufgaben haben die Amerikaner übernommen.

So war Europa von den Amerikanern doppelt beschützt, vor sich selbst und vor seinen Nachbarn. Nun scheint Ersteres nicht mehr nötig zu sein und Letzteres nicht mehr möglich. Den inneren europäischen Frieden kann die EU, so scheint es, endlich selbst garantieren. Anders sieht es mit den wahlweise aggressiven, autokratischen oder chaotischen Nachbarn aus, die sich vom Polarmeer über den Kaukasus und die Levante bis nach Mauretanien ziehen. Etwas zugespitzt könnte man sagen, dass die EU entweder von Wasser umgeben ist oder von Aggression.

Und nun tritt, wie gesehen, ein, was uns politisch so bizarr und bedrohlich vorkommt: Die Europäer sind für ihre eigenen Grenzen, Nachbarschaften und Gegnerschaften im Wesentlichen selbst zuständig. Siehe da!

Warum die USA sich im Mittleren Osten zurücknehmen, davon wurde schon gesprochen, darüber hinaus müssen sie die ihnen verbliebene Ordnungsmacht mehr und mehr auf den pazifischen Raum konzentrieren. Denn dort erweist sich China nicht etwa, wie von den dortigen Machthabern und ihren hiesigen Sympathisanten behauptet wurde, als von Natur und Geschichte her friedlich und nicht expansiv, vielmehr nimmt sich Peking mit seiner gewachsenen ökonomischen und militärischen Macht heraus, was es sich eben herausnehmen kann. So erklärt sich die Flut von Grenzkonflikten in den China umgebenden Meeren ebenso wie das Säbelrasseln zwischen Tokio und Peking. Ostasien, das wird in unserer eurozentrischen Debatte oft vergessen, lässt sich womöglich noch schwerer balancieren als Europa. Dafür ist der Riese in der Mitte einfach zu groß. Kurzum: Die USA werden woanders gebraucht, Europa ist jetzt (fast) allein zu Haus.

Im Moment sieht es so aus, als würde die politische Klasse der EU noch immer daran herumleiden, dass die historischen Schlussfolgerungen aus dem letzten Jahrhundert nicht mit allerallerletzter Konsequenz gezogen und zur äußersten Perfektion gebracht werden – während die Zukunft beinahe unbemerkt und weitgehend unbesprochen über den Kontinent hereinbricht.

Der niederländische Essayist und intime Kenner Brüsseler Mentalitäten, Luuk van Middelaar, hat kürzlich in der *ZEIT* für eine EU plädiert, die endlich aus ihrem postheroischen, postpolitischen Traum erwacht und sich als eine Weltmacht definiert, mit klaren Interessen, klaren Außengrenzen und klarer Führung. Davon ist Brüssel, so scheint es, noch recht weit entfernt.

Am Ende des Tages muss die Frage, ob die EU in absehbarer Zeit auf die Höhe der eigenen Geschichte kommt, auch materiell beantwortet werden: Schafft die Gemeinschaft eine einigermaßen angemessene Infrastruktur für die Flüchtlinge aus ihrer Nachbarschaft? Ist sie in der Lage, einen größeren und effizienteren Beitrag zu ihrer eigenen Sicherheit zu leisten? Ist sie bereit, sich wirtschaftlich, sozial und menschenrechtlich zu engagieren? All das hängt eben nicht nur an der Einstellung, sondern auch an den Ausgaben.

Deutschland soll führen – ausgerechnet jetzt!

Würde man die Deutschen heute fragen, ob sie angesichts der neuen äußeren Bedrohungen, des relativen Rückzugs der Amerikaner und der bedenklich kriselnden und sich rasch wandelnden EU der Meinung sind, Deutschland sollte mehr Verantwortung übernehmen und den ganzen Laden führen, dann würde die große Mehrheit sagen: Nö, bitte nicht.

Es fragt sie nur niemand. Es hat auch niemand Angela Merkel gefragt oder Sigmar Gabriel oder Wolfgang Schäuble. Das mit der deutschen Führung ist einfach so passiert. Die Gründe dafür liegen im Nachhinein gesehen auf der Hand: Die jüngsten Krisen der EU haben mit Ökonomie zu tun, da ist es folgerichtig, dass auf die wirtschaftlich stärkste und gesundeste Macht besondere Verantwortung zukommt, zumal Frankreich sehr damit beschäftigt ist, nicht selbst in eine Abwärtsspirale zu geraten. Das historisch begründete Grundmisstrauen gegen die Deutschen hat abgenommen, auch wenn viele Äußerungen insbesondere aus Griechenland einen anderen Eindruck erwecken. Die Kanzlerin wird in Zeitungen mit Hitler verglichen, griechische Politiker halten mit dem Reparationsthema die Erinnerung an deutsche Verbrechen wach, das ist wahr, aber es ändert eben nichts. Deutschland bleibt durch seine Vergangenheit verwundbar, umhauen lässt es sich davon aber nicht mehr. Das hat zu tun mit einem gründlichen, fast selbstquälerischen und am Ende doch wieder Identität stiftenden Umgang mit der eigenen Vergangenheit. Es hat aber auch damit zu tun, wie pragmatisch die anderen uns mittlerweile insgeheim sehen. Herfried Münkler hat in seinem klugen neuen Buch »Macht in der Mitte« auf den Hund hingewiesen, der nicht gebellt hat, also darauf, dass Wladimir Putin die Geschichtskarte eben nicht gezogen hat, als klar wurde, wen der Westen ihm zum Verhandeln über die Ostukraine schickt. Auch das macht klar, dass sich Freund wie Feind im Moment mehr von deutscher Führung versprechen, als sie sich davor fürchten.

Hinzu kommt als nicht zu unterschätzender Faktor, dass Angela Merkel mittlerweile zu den dienstältesten Staatschefs in Europa zählt, sie hat François Hollande und David Cameron, Matteo Renzi und erst recht Alexis Tsipras einiges an Erfahrung voraus.

Die neue Führungsrolle trifft die deutsche Politik und Öffentlichkeit mit einiger Wucht, weil in demselben historischen Moment, da Berlin mehr europäisches Gewicht schultern muss, dieses Gewicht mit den äußeren Bedrohungen und den amerikanischen Rückzügen auch noch sprunghaft zunimmt. Man könnte sagen: gewachsene deutsche Verantwortung in wachsender europäischer Verantwortung.

Es hat keinen Sinn, irgendjemand dafür zu kritisieren, dass dieses Land auf die neue Rolle noch nicht vorbereitet ist, es lässt sich aber auch nicht übersehen. Dass Deutschland nun für Europa ist, was die USA für die Welt sind, Heilsbringer und Buhmann, bewundert und gehasst – daran müssen sich die Deutschen mit ihrem, sagen wir mal, fluiden Selbstbewusstsein noch gewöhnen. Jedenfalls passieren in der Öffentlichkeit und in der Politik nach wie vor peinliche Fehler beim Führen und beim Kommunizieren. Volker Kauder etwa, der mächtige Fraktionsvorsitzende von CDU/CSU im Bundestag, ließ sich gleich zu Beginn der Griechenlandkrise zu einer Bemerkung verführen, die international stark beachtet wurde: »Jetzt auf einmal wird in Europa Deutsch gesprochen.« Mit solchen Tönen, mit aggressiven Schlagzeilen etwa in der Bild-Zeitung, mit einer Jauch-Sendung, in welcher der griechische Finanzminister Yanis Varoufakis mehr verhört als befragt wurde – mit all dem weckt man alte Vorurteile neu. Das Einzige, was man zur deutschen Führungsrolle da als Entschuldigung vorbringen kann, ist: Sorry, wir üben noch.

Es fällt den Deutschen schwer, für die neue Rolle eine richtige Sprache zu finden, schon das Wort »führen« kommt den Deutschen ja nicht leicht über die Lippen, geschweige denn das Wort »Führer«, da weichen sie lieber gleich ins Englische aus. Auch das trägt natürlich bei zu der verkrampften politischen Debatte.

So etwa lautet die unvollständige und knappe Zusammenfassung dessen, was zu diskutieren wäre. Und die Maut natürlich, die darf man nie vergessen.

Massivität der Probleme, Strukturwandel der Öffentlichkeit, eigene Richtungsungewissheit, nach wie vor eine labil gute Laune bei den Leuten – tatsächlich spricht viel dafür, dass die Politiker ihre Wählerinnen und Wähler nur in homöopathischen Dosen mit der neuen Lage konfrontieren. Nur, wenn die Illusion, dies alles sei etwas Vorübergehendes, durchsichtig wird, wenn die Menschen spüren, dass ruhig zu bleiben allein nicht hilft, dann wird die Strategie des Beschweigens unplausibel. Schon ist zu spüren, dass sich die äußeren Bedrohungen jederzeit zu inneren Hysterien auswachsen können.

Pegida war so ein Symptom. Wenn Leute, die kaum je mit Migranten und Flüchtlingen zu tun haben, gegen Migranten und Flüchtlinge auf die Straße gehen und die ganze Republik dabei zuschaut, als läge hier der Schlüssel zu allen kollektiven Ängsten, dann weiß man: Die Nervosität des Systems steigt. Obendrein hat sich der islamistische Terror von einer fernen Bedrohung zur Hintergrundstrahlung unseres Alltags entwickelt, sei es bei den Anschlägen in Paris oder auch nur bei abgesagten Wagen bei Karnevalsumzügen in Deutschland.

Optimismus als schärfste Form der Kritik

Eine bemerkenswerte – und beunruhigende – Diskrepanz entsteht zwischen dem, was in allen Nachrichtensendungen berichtet wird, und dem, was die politische Klasse offen kommuniziert. Auch das verbreitete verschwörungstheoretische Grundgefühl, dass »die da oben« uns sowieso nicht die ganze Wahrheit sagen, bekommt durch die diskursive Schonhaltung der Politik immer neue Nahrung. Vielleicht sind wir wirklich an dem Punkt angekommen, da Verdrängung mehr Irrationalität erzeugt als das Zulassen der ganzen Wirklichkeit, sei sie zunächst auch noch so erschreckend. Eines zeigt jedenfalls die Lebenserfahrung: Man kann immer mehr aushalten, als man denkt. Überfordert sind wir vor allem dann, wenn wir die Krise wie eine nicht enden wollende Ausnahme behandeln, wo sie schon lange zur Normalität avanciert ist, wenn wir Energie damit verschwenden, die Zähne zusammenzubeißen, bis der Schmerz nachlässt. Und er lässt nicht nach.

Diese Gesellschaft verfügt über so viele Stärken – eine starke Wirtschaft, eine funktionierende, korruptionsarme Beamtenschaft, immer noch relativ hohe Arbeitsdisziplin bei wachsender Lebensart und Kreativität, ökologisches Bewusstsein, Erfahrung bei der Integration fremder Menschen und Kulturen, ein tolerantes und leistungsstarkes Erziehungswesen –, und eine solche Gesellschaft soll nicht in der Lage sein, sich den Realitäten zu stellen, so wie sie nun mal sind? Was denken bloß die Politiker von den Bürgern? Dass die in ihrer Ungestörtheitserwartung nicht irritiert werden wollen? Dass sie hypochondrisch und quengelig sind, dass die dünne Schicht von Zivilität von ihnen abspringt, sobald sie mal ordentlich unter Druck geraten? Ist es das, was die politische Klasse über die Deutschen denkt? Manchmal macht es auf mich diesen Eindruck. Man hört das jedenfalls oft: Was glauben Sie denn, was passiert, wenn es in Deutschland mal einen Terroranschlag gibt – wird dann noch irgendjemand gegen die Vorratsdatenspeicherung sein? Was, wenn die Konjunktur sich für ein paar Jahre verschlechtert, dann ist doch Schluss mit Multikulti. Und so weiter. Letztlich halten viele Politiker und Journalisten die Deutschen noch immer für zugleich gefährdet und gefährlich, für wehleidig und hysterisch. Oder es gefällt ihnen einfach nur der Gedanke, selbst anders zu sein und sich schützend vors Volk zu stellen.

Eine besonders verstörende Erfahrung bei Hintergrundgesprächen mit Politikern ist, dass man sie nicht mehr, wie früher üblich, mit Kritik am meisten provoziert oder mit Worst-Case-Szenarien, auf die sie dann pflichtgemäß antworten, alles sei zum Besten bestellt und auf gutem Weg. Heute reizt man sie mit: Optimismus. Dass es auch gut gehen könnte, ist für viele dieser Insgeheim-Apokalyptiker schon am Rande des Vorstellbaren. Das passiert, wenn man nicht alle Kräfte, Ideen und Fantasien einer Gesellschaft zu mobilisieren vermag und bloß die eigenen zur Verfügung zu haben glaubt. Leider haben es auch viele sich kritisch wähnenden, dabei aber nur ins Negative vernarrte Journalisten noch kaum verstanden: Wenn die Herrschenden in Pessimismus verfallen, ist Optimismus die schärfste Waffe der Kritik; wenn sich der Horizont verdüstert, dann kann nur Hoffnung, also enttäuschbares, wagendes Denken, Aufklärung bringen. Manchmal habe ich das Gefühl, dass viele, gerade auch hochgeschätzte Kollegen sich in Politikverdrossenheit verlieren.

Mit dem unausgeschöpften Optimismus hat es indes noch eine andere Bewandtnis. Auf den ersten Blick hält die offene Diskussion über neue Krisen und Kriege ja keinerlei Trost bereit, die Dinge scheinen einfach nur schlechter zu werden, kein schönes Thema. Hinter den fundamentalen Veränderungen, auch hinter ihren negativen Seiten, steckt allerdings eine im Grundsatz erfreuliche, um nicht zu sagen, erhebende Entwicklung. Immer mehr Menschen nehmen für sich in Anspruch, am Weltgeschehen teilzunehmen, sie wollen gehört und berücksichtigt werden. In der ehemals Dritten Welt akzeptieren die Leute immer weniger, dass die ehemals Erste Welt das Sagen haben soll, sie bringen sich ein in unsere Welt, manche mit Gewalt, wie die Terroristen, viele, indem sie als Flüchtlinge zu uns kommen, die meisten aber, indem sie sich ausbilden, so weit sie können und dürfen, indem sie sich übers Internet einschalten und uns die Meinung sagen. Es passt vielleicht nicht gut zu unserem sonntagsrednerischen Verständnis von Selbstbestimmung und Emanzipation, wahr ist es aber doch: Das, was uns als Bedrohung und Stress vorkommt, ist Teil eines globalen Emanzipationsprozesses. Die Welt mag aus den Fugen sein, es waren aber die Fugen des westlichen Kolonialismus, des Imperialismus und der Hegemonie, nichts, worüber man nur traurig sein müsste.

Und noch ein Letztes, das Trost bereithält: Eine Bekannte von mir, eine junge Aramäerin, hat sich im letzten Jahr immerzu Sorgen gemacht um ihre Verwandten, die als kleine Minderheit im Grenzgebiet Syriens und der Türkei in Bedrängnis geraten sind. Das ging so lange, bis sie endlich erleichtert bekannt gab: Jetzt sind sie alle hier bei uns in Hamburg. Die meisten Menschen in Arabien und Persien, die jetzt in Not sind, haben eben Verwandte in Europa, Menschen, mit denen wir Tür an Tür leben und die in diesen Tagen emotional und familiär so viel mehr zu tragen und zu erleben haben als die deutschstämmigen Deutschen. Sie haben uns viel zu erzählen, wenn sich der öffentliche Raum für tragische, aber auch ermutigende Geschichten aus dem Mittleren Osten endlich weiten sollte.

Sind wir wirklich eine Augenhöhe-Gesellschaft?

Im Grunde geht es um eine Entscheidung: Versucht die Politik weiterhin, mit mildem Paternalismus die Staatsschäfchen ruhig zu halten, oder setzt sie darauf, dass die Augenhöhe-Gesellschaft mit (fast) allem fertigwerden kann? Dass die Staatsbürger, wenn sie erst einmal wissen, was die Stunde geschlagen hat, genug Kraft und Fantasie entwickeln, um mit dem neuen Durcheinander fertigzuwerden?

Wenn man beispielsweise nicht darüber spricht, was passiert, wenn das mit der Ukraine, mit Marine Le Pen, mit Griechenland und Großbritannien falsch läuft, dann wird eben auch nicht darüber geredet, was passiert, wenn alles klappt, wie stark ein Europa sein könnte, das diese vier Hürden genommen hat. Oder, um hier den kritischen Optimismus zu bemühen: Erst wenn Griechen, Franzosen, Briten, aber auch Deutsche voll und ganz verstehen, in welcher Lage sich der Kontinent befindet, können sie auch die Kraft aufbringen, einig zu sein, statt irre zu werden. Auch die Diskussion um die Schutzzölle der EU gegen afrikanische Lebensmittel würde anders verlaufen, wenn man sie vor dem Hintergrund des Flüchtlingsdramas führen würde.

Die Leute werden eben nicht nur bewahrt vor der Verunsicherung der Politik, sie werden ebenso sehr betrogen um viele Ideen zu deren Überwindung. Denn so ist es eben auch: Abseits der Öffentlichkeit versucht Frank-Walter Steinmeier, in einem breit angelegten »Review-Prozess« die Grundlinien einer neuen deutschen Außenpolitik als Führungsnation in international wilden Zeiten zu zeichnen; Ursula von der Leyen lässt die so unklar gewordene Zukunft der Bundeswehr diskutieren – in einer Kommission zur Erstellung eines Weißbuches. Die Kanzlerin, die für ihre Zögerlichkeit und für ihre in Andeutungen versteckte politische Linie oft kritisiert wurde, befindet sich gerade an einem Wendepunkt ihrer Karriere. Schrittweise wird sie immer grundsätzlicher: sei es beim Epochenthema Islam, wo sie von ihrem unseligen und populistischen »Multikulti ist gescheitert« (2010) bei einem zeitgemäßeren »der Islam gehört zu Deutschland« angekommen ist; sei es in ihrer Haltung gegenüber Putin, über den sie auf dem australischen G20-Gipfel im letzten November endlich klar sagte, was sie schon länger dachte. Und auch die EU ist ihr zur Prinzipienfrage geworden, ihren oft wiederholten Satz »scheitert der Euro, scheitert Europa« kann man mit guten Gründen falsch finden, von fehlender Entschlossenheit zeugt er beileibe nicht. Nur fügt Angela Merkel die Dinge kaum je zusammen. (Interessant und ein wenig absurd ist dabei, dass Merkels zuweilen begriffsarmer Pragmatismus von vielen Politikern als Erfolgsrezept noch immer nachgeahmt und von Kommentatoren gepriesen wird, da sie selbst schon darüber hinauszugehen beginnt). Merkels Art, Politik zu machen und zu kommunizieren, bezeichnete Heinz Bude kürzlich im Gespräch als »verewigte Gegenwart«, er meint damit, dass die Kanzlerin keine Zukunftsräume öffnet, dass der Horizont ihres Handels beim Heute endet. Sie wird sich darin ungerecht dargestellt sehen. Sicher ist aber zumindest, dass Angela Merkel sehr viel weiter denkt, als sie öffentlich zu erkennen gibt. Ihre Versuche hingegen, all das hier Beschriebene ins Zentrum der öffentlichen Debatten zu stellen, bleiben bisher bestenfalls schüchtern.

Natürlich haben die Medien, haben Intellektuelle und Wissenschaftler ebenso sehr die Aufgabe, zu diskutieren, was wirklich wichtig ist. Viele große Medien fangen ja auch an, sich mit aufwendigen Recherchen und mutigen Debatten ihre Sonderstellung zurückzuverdienen. Allerdings begreifen die Leute meistens erst, dass es ernst ist, wenn die Politik in die Debatten einsteigt.

Eine ziemlich mächtige Politikerin hat kürzlich zur deutschen Führungsrolle gesagt: »Fahrersitz kann man nicht simulieren, das muss man machen.« Wahrheit kann man auch nicht simulieren, man muss sie aussprechen.

Der Lümmel ist jetzt erwachsen, echt

Politiker leben mit ihren Wählerinnen und Wählern heutzutage in einer äußerst verwirrenden Beziehung. Von überall her schallt den Regierenden wie den Opponierenden Politikverdrossenheit entgegen. Wenn sie Politikern hingegen als wirklichen Menschen aus Fleisch und Blut begegnen, dann werden diese in aller Regel freundlich begrüßt, respektvoll sogar. Liegt es daran, dass man sie aus dem Fernsehen kennt, am Promibonus also? Oder ist die Politikverdrossenheit doch bloß eine medien- oder netzgetriebene Attitüde, die viele Leute vor sich hertragen, aber gar nicht so meinen? Auch die Wahlergebnisse für die etablierten Parteien lesen sich ja ganz ordentlich, klingen fast wie Beifall zur politischen Arbeit – wenn da nicht die immer dürftigere Wahlbeteiligung wäre.

Aus solchen widersprüchlichen Befunden lässt sich immerhin ein klarer Schluss ziehen: Das Verhältnis zwischen Bürgern und Politikern ist labil und prekär, es ist ein Mobile, in das nun kräftig der Wind des Wandels fährt. Insofern ist die Frage, ob und wann die Politiker mit wie viel Wahrheit und Zumutung herausrücken, keine Kleinigkeit – im

Gegenteil, sie könnte über das Wohl und Wehe unserer Demokratie mit entscheiden. Denn wenn das Blame-Game erst mal richtig losgeht, wenn also *die* Politik dafür verantwortlich gemacht wird, dass die Welt da draußen so ist, wie sie ist, dann schlägt die Stunde der Populisten. Ihre Aufgabe ist leicht, sie müssen nur die Dilemmata der Welt als Versagen »der Politik« inszenieren, ihnen genügt es, die regierenden Politiker dabei zu ertappen, wie sie Teile der Realität ausblenden, nein, eigentlich reicht schon der bloße Gestus des Ertappens und Entlarvens, dann noch eine Prise Hass, und der linke und der rechte und der ortlose Populismus springt synchron über alle Fünf-Prozent-Hürden dieses Landes.

Einen Vorgeschmack darauf kann man in den USA sehen, wo Präsident Obama von seinen republikanischen Gegnern immerzu vorgeworfen wird, er würde international nicht machtvoll und nicht hart genug auftrumpfen. So als wäre der amerikanische Einflussverlust nicht eine Folge der Überdehnung durch Obamas Vorgänger und eine logische Konsequenz aus dem Aufstieg anderer Mächte, vor allem Chinas. Tatsächlich reagiert Obama nur klug auf die Realität, es wird jedoch so getan, als fehle ihm der Wille, als könne ein anderer

US-Präsident durch Beschluss und Willkür die Welt neu erschaffen.

Voluntarismus ist die Ausflucht der Präpotenten, Verschwörungstheorien hingegen sind die Krücken der Ohnmächtigen, um sich einen Reim zu machen auf all das Schwierige, Unbequeme und Schlimme, was geschieht. In Deutschland gibt es beides auch schon. Die Linkspartei neigt unter ideologischer Führung von Sahra Wagenknecht dazu, die (anderen) Politiker als Marionetten des Kapitals, gern auch der Finanzmärkte darzustellen, als willige oder naive Agenten einer internationalen Verschwörung gegen das eigene Volk (und die ganze Welt). Der mittlerweile abgewählte AfD-Vorsitzende Bernd Lucke tendiert eher zum Voluntarismus, er glaubt wahrscheinlich ernsthaft, die Griechenlandkrise von seinem Professoren-Schreibtisch aus besser lösen zu können als Wolfgang Schäuble. Man muss es nur wollen, denkt Lucke, und natürlich Bescheid wissen, Bescheidwisserei ist ganz wichtig bei ihm. Dieser Populismus von links und von rechts ist jedoch bloß ein Vorbote. Schritt für Schritt wird sich die neue krisenhaltige, aber auch abenteuerlich aufregende Realität ins öffentliche Bewusstsein der Republik vorarbeiten. Und dann kommt es halt darauf an, wer sie am besten und glaubwürdigsten verarbeitet.

Schon klar, wer in einer großen und breiten Koalition sitzt, dem fällt es naturgemäß schwer, so etwas zu bemerken, dennoch ist es wahr: Der Wettlauf um die zivile oder aber regressive, um demokratische oder populistische Interpretation der neuen Lage ist schon in vollem Gange, und die etablierten Parteien liegen dabei nur knapp vorn. Die etablierten Medien übrigens auch.

Wie es ausgeht? Das hängt vielleicht weniger davon ab, was die Bürger über die Politiker denken, als umgekehrt: Ist das Volk noch der große Lümmel, dem man nicht recht trauen kann? Ich würde sagen, diese Deutschen sind so erwachsen, wie man sie erwachsen anspricht. Ins Offene führt der Weg, nur ins Offene.